中职生
创新创业指导

董随东 主编　　　杨 宁　张国庆 副主编

化学工业出版社
·北京·

内容简介

本书将创新创业理论与实践紧密结合，系统阐述了创新创业的基本理论和实践技能。主要包括初识创新创业、创新创业与职业发展、创新思维与创新方法、思维导图与六项思考帽、创业意识和创业精神、创新的创业实践六部分内容，还附有指导性学案，具有通俗易懂、实战性强等特点，易于读者更深入、更有效地学习。

作为公共基础课教材，本书适合中等职业学校学生使用，也可作为企业培训的入门用书，还可以作为自学用书。本书旨在增强读者的创新思维、创新能力、创业意识和创业精神，帮助读者成为新时代的高素质、创新型人才。

图书在版编目（CIP）数据

中职生创新创业指导／董随东主编；杨宁，张国庆副主编．—北京：化学工业出版社，2022.7（2024.5重印）
ISBN 978-7-122-41225-6

Ⅰ.①中… Ⅱ.①董… ②杨… ③张… Ⅲ.①创业－中等专业学校－教材 Ⅳ.①G717.38

中国版本图书馆CIP数据核字（2022）第063493号

责任编辑：李彦玲　　　　　　　　　　　　文字编辑：谢晓馨　刘　璐
责任校对：边　涛　　　　　　　　　　　　装帧设计：王晓宇

出版发行：化学工业出版社（北京市东城区青年湖南街13号　邮政编码100011）
印　　装：中煤（北京）印务有限公司
787mm×1092mm　1/16　印张12½　字数249千字　2024年5月北京第1版第2次印刷

购书咨询：010-64518888　　　　　　　　　售后服务：010-64518899
网　　址：http：//www.cip.com.cn
凡购买本书，如有缺损质量问题，本社销售中心负责调换。

定　　价：36.00元　　　　　　　　　　　　　　　　　　　　　版权所有　违者必究

编写人员名单

主　编：董随东

副主编：杨　宁　张国庆

参编人员（按汉语拼音排序）：

常　凯　韩卫红　李　迪　李　薇　李雪松

石　莉　孙剑虹　王　欢　王媛媛　张　萌

张　维　张雪迎　郑　虹

前言

创新是民族进步的灵魂，是一个国家兴旺发达的不竭动力。创新是创业的基础和前提，它推动着人类进步和社会经济的发展与变革。在"大众创业、万众创新"的号角声中，创新型国家建设正引领着我国社会、经济快速发展。党的十八大以来，中国特色社会主义进入新时代。党的十九大指出，必须勇于推进理论创新、实践创新、制度创新、文化创新以及其他各方面创新，鼓励更多社会主体投身创新创业。

创新驱动战略对人才培养提出了更高的要求，创新创业教育是新时代培养创新型人才的有效手段。本书结合中关村的创新创业生态和创新创业实践，系统地阐述了创新创业的基本理论和技能实践。本书涵盖六部分，主要包括初识创新创业、创新创业与职业发展、创新思维与创新方法、思维导图与六顶思考帽、创业意识和创业精神、创新的创业实践。本书将理论与实践紧密结合，并融入典型案例与实践研究，具有通俗易懂、实战性强等特点，对提升中职学生的创新能力和创业意识、培养高素质的技能型创新人才具有重要意义。

本书由董随东担任主编，杨宁、张国庆担任副主编。本书在编写过程中，得到了北京市信息管理学校、中关村加一战略新兴产业人才发展中心、中关村学院等单位的大力支持，在此表示感谢。

苟日新，日日新，又日新。2021年11月，十九届六中全会召开，开启了实现第二个百年奋斗目标的新征程。希望本书能够立足中关村创新创业生态高地，弘扬劳动精神、劳模精神和工匠精神，培育学生创新创业的梦想和信念，为培养技能型和创新型的劳动者、建设创新型国家尽微薄之力。

鉴于水平有限，书中难免存在一些不足，敬请同仁、读者批评指正。

编者

2022年2月

目录

导　论　初识创新创业 —————————————————————— 001

第一章　创新创业与职业发展 ————————————————— 005

第一节　创新创业发展概况　/ 006
　一、国外的创新创业发展情况　/ 006
　二、国内的创新创业发展情况　/ 010
第二节　创新赢得未来　/ 018
　一、创新概述　/ 018
　二、创新与职业发展　/ 022
　三、创新案例　/ 024
第三节　创业赋能人生　/ 025
　一、创业概述　/ 025
　二、创业与职业发展　/ 028
　三、创业案例　/ 029

第二章　创新思维与创新方法 ————————————————— 033

第一节　创新思维培养　/ 034
　一、创新思维的定义　/ 034
　二、创新思维的基本特征　/ 034
　三、创新思维的表现形式　/ 036
第二节　创新方法应用　/ 040
　一、缺点列举法　/ 040
　二、组合创新法　/ 041
　三、移植创新法　/ 042
　四、头脑风暴法　/ 044
　五、模仿创新法　/ 045
　六、奥斯本检核表法　/ 045

第三章　思维导图与六顶思考帽 ———————————————— 049

第一节　思维导图　/ 050
　一、思维导图的类型　/ 050
　二、思维导图的特点　/ 050
　三、思维导图的应用领域　/ 051
　四、思维导图的优势　/ 052
　五、思维导图的13个规则　/ 053
　六、绘制思维导图的基本步骤　/ 054
　七、软件绘制思维导图　/ 056
第二节　六顶思考帽　/ 060
　一、六顶思考帽的分类　/ 060
　二、六顶思考帽的作用　/ 062
　三、六顶思考帽的应用方法　/ 062

第四章　创业意识和创业精神 ———————————— 067

第一节　创业意识　　　　　　 / 068
　　一、创业意识的内涵　　　　 / 068
　　二、创业意识的要素　　　　 / 068
　　三、创业意识的内容　　　　 / 069
第二节　创业精神　　　　　　 / 074
　　一、创业精神的内涵　　　　 / 074
　　二、创业精神的本质　　　　 / 074
　　三、创业精神的特征　　　　 / 076
　　四、创业精神的来源　　　　 / 077
　　五、创业精神的培养途径　　 / 078

第五章　创新的创业实践 ———————————— 081

第一节　找到未被满足的需求　 / 082
　　一、需求　　　　　　　　　 / 082
　　二、需求分析　　　　　　　 / 084
　　项目实战：共享电动汽车创业
　　　项目的需求分析　　　　　 / 086
第二节　产品定位　　　　　　 / 088
　　一、目标市场定位　　　　　 / 089
　　二、产品需求定位　　　　　 / 090
　　三、产品测试定位　　　　　 / 090
　　四、差异化价值点定位　　　 / 091
　　五、营销组合定位　　　　　 / 091
　　项目实战：共享电动汽车创业项目
　　　的产品定位　　　　　　　 / 092
第三节　商业模式　　　　　　 / 094
　　一、商业模式的定义　　　　 / 094
　　二、商业模式画布　　　　　 / 095
　　项目实战：共享电动汽车创业项目的
　　　商业模式和成本分析与策略 / 098
第四节　融资方法　　　　　　 / 103
　　一、融资渠道　　　　　　　 / 103
　　二、创业企业的融资策略　　 / 107
　　三、融资风险的规避　　　　 / 108
　　项目实战：共享电动汽车创业
　　　项目的融资计划　　　　　 / 109
第五节　商业计划书　　　　　 / 109
　　一、商业计划书的类型　　　 / 110
　　二、商业计划书的作用　　　 / 111
　　三、商业计划书的撰写　　　 / 112
第六节　创业路演　　　　　　 / 114
　　一、路演的类型和特点　　　 / 115
　　二、参加路演的规则　　　　 / 116
　　三、获得路演机会的主要途径 / 116
　　四、参加融资路演的注意事项 / 116
　　五、路演幻灯片的制作　　　 / 117

参考文献 ———————————————————————— 120

导　论　初识创新创业

 案例 0-1

3D 打印笔的问世

鸦鸦 3D 打印笔的创始人姜斐祚，是一位拥有奇思妙想并能快速付诸行动的创客。他不仅自己尽情享受着创造的乐趣，还创造了一支神奇的 3D 打印笔，这支笔成为儿童"在空中画画"的玩具，也成为一种应用于生活中潜力无限的工具。2012年，他们团队研发出了鸦鸦 3D 打印笔。鸦鸦 3D 打印笔是一支打破传统绘画方法的笔，能在较短的时间里让人体验到便宜、快乐的 3D 打印。

姜斐祚团队研发的 3D 打印笔，其创意源于一个偶然的机会。当时，3D 打印尚处于笨重、庞大的机器打印阶段。有一次，他们看注塑厂的师傅用一根铜棒清理注塑机的料枪，他们觉得拿铜棒在料枪的枪头处卷废塑料就像缠棉花糖一样，很有趣。于是，他们回来以后便拿了一个 3D 打印机的挤出头，不停地挤料来缠着玩。有了灵感要迅速抓住并付诸实践，于是大家开始寻找各种零配件，进行多方调试。在团队的不懈努力下，可以拿在手上、直接进行打印的 3D 打印笔就被创造出来了。

2013 年，姜斐祚团队创造的鸦鸦 3D 打印笔在"创客时代，造起来"——联想创客大赛中，获得了"最具商业价值奖"。2016 年，鸦鸦 3D 打印笔登上了央视科教频道《第 N 个空间》的"创意时代秀"科普节目，开启了中国的 3D 打印传奇。姜斐祚的创业座右铭是"创造和分享的乐趣，作为一个观众，你是永远体会不到的，如果你想知道那种感觉的滋味，现在就是属于你的时刻"。

作为一支 3D 打印笔，它的诞生缘于创始人具有善于观察、勤于思考的品质，灵感被激发从而产生了创意，捕捉到了未被满足的需求。同时，创始人具有较强的创造力，敢想敢做，有了创意迅速付诸行动，将想法变为现实，这些是创业成功的基础。随着技术的成熟，3D 打印正在成为真正的新一代智能制造技术，进而引领下一场工业革命。

> **想一想**
>
> 通过上述资料,同学们回顾一下自己在生活和学习中曾经产生过哪些奇思妙想?有哪些通过亲自动手后实现了?

案例 0-2

快递小哥的 10 年

10 年的时间里,"快递小哥"宋学文行走超过 30 万公里,在平凡的岗位上十年如一日,把送快递的工作干成了一门"学问",赢得了客户的肯定和社会的尊重。作为新职业的代表,宋学文先后获得中国劳动者的最高荣誉——全国劳动模范,以及全国五一劳动奖章和首都劳动奖章等荣誉。在新中国成立 70 周年阅兵典礼上,宋学文有幸作为代表参与方阵表演;在建党百年之际,宋学文也作为全国优秀共产党员而受到表彰。

宋学文是内蒙古人,刚到北京时,曾在物业、餐饮等行业做过很多工作。2011 年,经过一番考察,宋学文决定加入京东物流,成为中关村鼎好营业部的一名普通快递员。在工作过程中,宋学文形成了自己的一套"方法论",从货物码放再到客户情况的梳理,不仅把货送到,还把客户需求当成工作目标。尤其在处理外部单时,要细心做好货品管理并保证时效,揽件时则需要多与客户沟通,把每个细节跟客户解释清楚,用好服务打动客户。比如,他会熟记片区内上百家公司的购物需求、上下班时间和特殊要求,并由此梳理货物的具体情况,再决定装车方式和配送路线。又如,不同客户有不同的收货习惯,以宋学文片区内的新东方为例,由于新东方的工作人员在工作时间内常常联系不到,宋学文就会通过与他们沟通,记录下他们方便收货的时间,然后按照这个时间送过去。

10 年间,宋学文配送了超过 30 万件"有速度更有温度"的快递包裹,还保持了零误差、零投诉、零事故的纪录。现在,他从一名普通的快递员成长为快递营业部的负责人,靠着勤劳工作和用心付出,在北京买了房并开上了公司奖励的汽车,一家人扎根在北京,过上了幸福的日子。

宋学文是千千万万个普通岗位中的一员,但他用自己的行动不断创新,成就了属于自己的幸福生活。在工作过程中,他善于突破思维,形成了自己的一套"方法论",不满足于仅仅达到送快递的直接目标,同时将满足客户需求作为工作目标,形成了更好的服务意识和品牌效应。在此基础上,他能够根据货物的具体情况,有计划地进行货物装配,安排取送货的时间和地点等,从而精确无误地完成快递服务。伴随着电商的快速发展，快递员成为物流领域中快递行业的一个新兴职业。国家通过颁布《快递员国家职业技能标准》规范快递员的职业行为，同时也保障了快递员的权益。随着物流与快递行业的飞速发展，对快递员的职业技能和素质也提出了更高的要求。

想一想

快递员宋学文为什么能够成为快递行业的模范人物？

案例0-3

创业中的郑震

郑震是上海市城市科技学校2010届电子与信息技术专业的毕业生。在校期间，他虽然不是班里的学习尖子，但却是班里的活跃分子，总是积极参加各种校园活动，提高自己的综合素质和能力。怀揣着毕业后自主创业的梦想，他尤其对学校的职业生涯课和职业指导课感兴趣，在课堂上努力地汲取创业知识，并在社会实践活动中提高创业能力。

在校期间，一直想自主创业的郑震在家人的帮助和支持下，在学校和老师的关心下，向银行贷款成立了无锡本佳金属材料有限公司，成为一家小规模公司的法人代表，专门从事钢材的批发和销售。他自认为从小生活在生意环境下，耳濡目染，有一点生意头脑，于是雄心勃勃，毕业后打算大展宏图。

然而，创业初期并不顺利，他屡屡受挫。在很多事情上想法很好，实施起来却很难。有货但接不到订单，好不容易接到订单但又找不到货源的情况时有发生。郑震深深地感觉到前所未有的压力，几乎有了打退堂鼓的想法。但是，郑震不是一个轻易认输的人。经过不断地反思和总结，他选择了坚持，优化管理与服务内容，带领公司业务逐渐走上正轨……公司已有10名员工，钢材销售和批发的经营区域由原来的无锡市拓展到江苏省各城市，业务量不断增加，公司也开始盈利。

眼下，郑震又为公司制订了新的发展规划，他的目标是在五年内将经营区域由原来的江苏省延伸到浙江省和上海市，业务量增加两倍，经营利润翻番，同时进军汽车维修和装潢领域。

郑震是一名普通的中职生，但他用自己的创业历程告诉人们，只要有梦想、能坚持，就能探索出一条创业之路。首先，他有着强烈的创业动机，努力学习创新创业知识，追求创业的梦想。其次，他有着坚持不懈的创业精神，遇到困难时选择坚持、不放弃，并不断反思与总结，让自己的创业事业跃上了一个新台阶。只有当草根创业、全民创业成为经济的新常态时，才有可能支撑起一个真正的现代化中国。在"大众创业、万众创新"的创新型国家建设过程中，草根创业将成为推动经济发展的中坚力量。

想一想

? 促使郑震成功的创业特质体现在哪些方面？

创新是引领社会发展的第一动力。纵观人类社会的发展史，其实就是一部科技创新史，每一次科技的重大进步都标志着一个新时代的到来。第一次工业革命以蒸汽机的发明和广泛使用作为标志，人类进入了蒸汽时代。第二次工业革命以电力的发明和广泛应用作为标志，人类进入了电气时代。第三次工业革命以电子计算机的发明和普及作为标志，人类进入了信息时代。这三次工业革命均以突破性的创新为引领，以一项决定性的技术发明为标志，深刻地影响着人类社会的文明进程，也为世界经济发展注入了强大的动能。现在，以人工智能、清洁能源、机器人技术、量子信息技术、虚拟现实，以及生物技术为主的第四次工业革命带来了新一轮的创新繁荣，使数字化技术成为新一轮创新热潮中的核心内容。

创新无止境。通过创新，未来人们能实现无人驾驶，可以在上班路上阅读报纸；可以住在3D打印的各式各样的房子里；也可以享受到成本更低的太空旅行……当前，我国进入了一个"大众创业、万众创新"的新时代，飞速发展的经济和宽松的就业环境，为创业者们提供了前所未有的好机会。不论是继承创业、主动创业还是被动创业，越来越多的人正在积极地进行创业实践，尤其是作为青年一代的大、中专院校的学生们，将成为创新创业浪潮中的主力军。

第一章　创新创业与职业发展

内容要点

本章内容围绕创新创业与职业发展展开论述。首先，对国内外的创新创业情况进行了概述，以便更好地了解创新创业的概况。其次，就创新的定义、分类，以及创新在职业发展中的作用进行了分析。最后，对创业的定义、分类，以及创业中必备的素质进行了分析。同时本章结合典型案例，阐述了创新创业与职业发展之间的关系。

知识体系

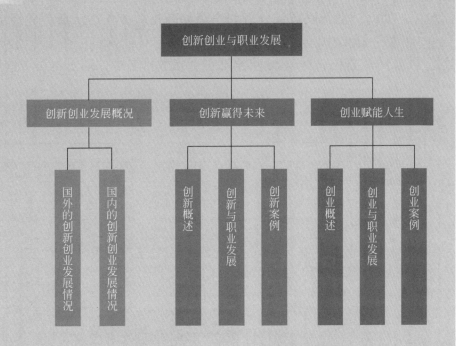

第一节　创新创业发展概况

一、国外的创新创业发展情况

当今世界，新一轮科技革命与产业变革相互交织、加速演进，科技创新日益成为推动世界经济增长、重塑全球经济格局的关键力量。许多发达国家和新兴经济体纷纷把科技创新作为打造竞争优势的重要手段，从而抢占未来发展的制高点。

1. 瑞士

瑞士是一个位于欧洲中南部的多山内陆国，国土面积只有4万余平方公里，人口有800多万人，但其人均GDP一直居世界前列。瑞士是世界上拥有人均专利比例最高、人均获得诺贝尔科学奖比例最高的国家，也在很多国际创新指数榜上占主导地位，如欧洲创新联盟记分牌和全球创新指数。在达沃斯世界经济论坛"全球竞争力指数"排名中，瑞士自2009年以来多年位居榜首；在全球创新指数排名中，连续11年蝉联首位。在2023年全球创新指数排名中，瑞士也居于首位。如图1-1所示。

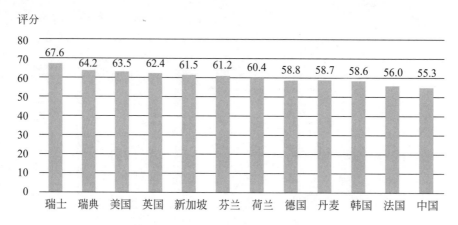

图1-1　2023年全球创新指数排名

创新是瑞士经济发展的驱动力。在瑞士人的眼里，创新无所不在，而且都是在生活中容易接触到的东西上，包括汽车、手表、纺织品以及计算机设备等。瑞士人认为创新不仅仅是头脑中或者创意过程中迸发的灵感和火花，它还能带来实实在在的产品，能够投入市场，如"阳光动力号"太阳能飞机（见案例1-1）。为保证瑞士在国际竞争中的优势，瑞士联邦政府和私人机构为研究课题与项目提供了大量资金。

案例1-1

"阳光动力号"太阳能飞机

"阳光动力号"太阳能飞机是瑞士科学家、探险家贝特朗·皮卡尔（Bertrand Piccard）和安德烈·波许博格（André Borschberg）研发的先锋项目。"阳光动力2号"（图1-2）的翼展达到72米，比波音747还要宽，仅次于体积最大的商用客机（空中客车）A380（79.75米），庞大的机翼给了"阳光动力2号"足够的升力。"阳光动力2号"的动力系统也极具科技含量。机翼上装有1.7万余块太阳能电池板为飞机提供动力，这些电池板每块仅厚135微米，相当于人的一根头发丝。2015—2016年间，"阳光动力2号"环球之旅全程飞越了地球上的四块大陆和两大海洋，飞行总距离约3.5万公里，是世界上第一架完全由可再生能源驱动环行地球的飞机。

图1-2 "阳光动力2号"太阳能飞机

瑞士政府长期致力于促进创新研究，大力支持双轨教育制度、高等教育和科研，鼓励大学、研究机构与企业，特别是中小企业之间相互合作，以便进行更多以科学为基础的创新项目。如瑞士的基础研究大多由苏黎世联邦理工学院、洛桑联邦理工学院等完成，应用类大学则着重于应用研究和研发，拓展工业界和学术界的紧密合作。这种教育模式是瑞士创新的基础。此外，很多顶尖的国际机构在瑞士建立了研究中心，如欧洲核子研究组织、IBM的欧洲实验室也设在瑞士。

2. 德国

德国的创新创业成果在全球极具竞争力，虽然德国只有8000多万人口，但它是欧洲乃至世界的经济强国之一，有超过3万家研究型企业和超过11万家创新型公司不间断地为市场提供新产品。其中，中小企业的科技创新能力在发达国家中首屈一指。德国有1307家中小企业位列世界"隐形冠军"的统计范畴，是数量最多的国家（见案例1-2）。

 案例1-2

德国的"隐形冠军"

"隐形冠军"这个概念由德国知名管理大师赫尔曼·西蒙教授首次提出。他对

"隐形冠军"做了三个定义：第一，该企业所经营的产品产量不能低于世界市场排名前三或者大洲第一；第二，年营业额不超过50亿欧元；第三，企业的知名度相对较低，不被普通消费者所熟悉。目前，全球共有2734家"隐形冠军"，其中德国就有1307家，占总数的47%。德国"隐形冠军"企业并没有局限于少数领域，而是遍布各行各业。如果把它们以行业来分类，工业产品占69%，消费类产品占20%，服务型产品占11%。

德国所取得的这些成就，很多都归功于创新创业教育体系。德国的职业教育非常发达，年轻人有一半的时间在企业、一半的时间在学校，他们重视知识更新和创新。同时，德国政府和金融研究机构联合在中学、大学开设创新创业课程，让学生很早就开始尝试自己开公司，接触和熟悉企业管理及经营知识，积极培养学生的创新创业意识。德国联邦教研部通过实施"EXIST"区域创业计划，选出哈根、德累斯顿、耶拿、魏玛等市，支持这些地区的大学与校外的经济界、科学界，以及政府部门建立合作伙伴关系，推动和支持大学的创新创业活动，提高创新创业质量。

3. 瑞典

瑞典的创新在全世界排名第二，这也是源于瑞典的独特气质，他们能创新但也崇尚团队合作；他们的想法合乎逻辑但却很疯狂。

在欧洲，瑞典是开展科技事业最佳地区之一，拥有许多全球赫赫有名的大企业，在瑞典起源的全球知名品牌企业包括H&M、宜家、Spotify、沃尔沃和爱立信等。之所以如此，是源于瑞典的文化和福利制度。首先，在他们的文化属性中，合作和创造是非常被看重的。公司管理的核心理念是"Lagom"。这个词的意思是"不要太少，不要太多"，他们非常注重团队内部平衡和适度，每个人的想法都应该被倾听；公司的管理制度是扁平化的，没有人的意见高高在上，即便是老板。其次，瑞典的较好的福利制度，让大家都可以按照自己的兴趣选择创业或者就业，企业家不必担心如果他们的想法失败，他们会一无所有。创业者在创业失败后，有很多计划可以帮助他们找到新的居住地和新工作，或者帮助启动下一个创业想法。

 案例1-3

利乐包装

瑞典利乐（Tetra Pak）是一家1951年由鲁本劳辛和艾力克瓦伦堡创立于隆德的跨国食品生产和包装公司。

我们平常最常见到的砖型和枕型牛奶盒就是利乐公司首先发明的，又被称为利乐包，因为容积率相对较大，而且这种包装形状更易于装箱、运输和存储，所以一经发明就被全世界牛奶提供厂选择。

从技术角度来看，利乐无菌包装是由纸、聚乙烯塑料和铝箔复合而成，可有效隔绝光线、氧气及外界的污染，从而保证包装内容物无需冷藏和防腐剂即可拥有较长货架期。

瑞典的教育质量很高，教育系统大力支持孩子从很小的时候就开始学习编程和编码等，当孩子们上高中时，他们可以在接受常规教育的同时专攻某项技术。瑞典还有许多创业支持计划，例如 Startup Stockholm（斯德哥尔摩创业）和 ALMI（艾尔米投资），他们拥有大量专家，来评估创业想法并提供投资和创业建议。

4. 美国

美国是全球科技创新中心的所在地，也是全球创新的引领者和风向标。

硅谷是美国重要的电子工业基地，也是世界最为知名的电子工业集中地。20世纪80年代，硅谷云集了近3000家电子、电脑企业；20世纪90年代后期，这类公司超过了7000家。如今，这里仅从事IT行业的企业就超过了10000家，像谷歌、脸书、英特尔、苹果、思科、惠普、甲骨文等知名公司都汇集在这里。图1-3为硅谷不同年代的电子工业企业数量。

硅巷位于美国纽约曼哈顿，是继硅谷之后美国发展最快的信息技术中心，正力图成为美国的"新科技首都"。硅巷是一个无边界的高科技园区，拥有众多高科技企业群，已成为纽约经济增长的重要引擎。其业务大多集中在互联网应用技术、社交网络、智能手机及移动应用软件上，创业者们注重把技术与时尚、传媒、商业、服务业结合在一起，挖掘出互联网新的增长点。硅巷还拥有大批的作家、导演、编辑、设计师和艺术家等，这些创新型人才是新媒体发展过程中备受青睐的群体。

在美国，推动高校师生创新创业成为有效服务于国家创新发展战略的重点之一。美国政府下属的创新创业办公室直接与美国各大学进行对接，深度了解高校的创新创业情况，共同开发具有市场经济价值的创业项目。2013年7月，美国发布了《创新与创业型大学：聚集高等教育创新和创业》报告，明确了大学创新创业的五大核心活动领域，即促进学生创新和创业、鼓励老师创新和创业、支持高校专利和科技成果转化、促进校企合作以及参与区域和地方经济。高校专门为本科生、研究生和博士后研究人员提供支持创业的课程和计划。学生可以参加不同学科的学习，更好地理解创新创业，为其以后的创新创业奠定基础。

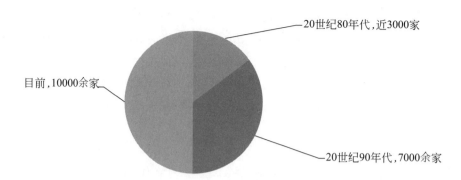

图1-3 硅谷不同年代的电子工业企业数量

二、国内的创新创业发展情况

1. 创新创业的国家驱动战略

创新强则国运昌,创新弱则国运衰。新中国成立后,一批缔造者们励精图治,克服千难万险,完成了"两弹一星"、"神舟"飞天、"嫦娥"探月、"天问"探火等一系列壮举,使我国驶入了创新发展的快车道。党的十八大以来,我国创新创业热情高涨。"大众创业、万众创新"的号召获得了各个领域的关注,吸引了世界各国的目光。党的十九大提出,必须勇于推进理论创新、实践创新、制度创新、文化创新以及其他各方面创新,在2035年跻身创新型国家前列,鼓励更多社会主体投身创新创业。所有这些表明,创新创业正在成为引领国家发展的重要引擎,驱动着我国向高科技、高精尖的领域迈进,不断推动我国的创新型国家建设。

创新创业的国家驱动战略,极大地激发了人民群众的创新创业活力,形成了推动经济社会发展的强大动力。在此基础上,国家出台了各种政策,多部门联合共同推动创新创业发展,一些比较有代表性的全国性、纲领性的政策文件(表1-1)能引领我国创新创业的发展及创新创业教育的发展。当前,创新创业教育在各级各类教育领域中积极开展,为培养创新型人才而努力。2022年4月20日,全国人大常委会表决通过新修订的《中华人民共和国职业教育法》(简称《新职教法》)中第三十九条,职业学校应当建立健全就业创业促进机制,采取多种形式为学生提供职业规划、职业体验、求职指导等就业创业服务,增强学生就业创业能力。

表1-1 具有代表性的创新创业政策文件

序号	文件名称	发文字号	发布年份
1	关于深化体制机制改革加快实施创新驱动发展战略的若干意见	中发〔2015〕8号	2015

续表

序号	文件名称	发文字号	发布年份
2	关于大力推进大众创业、万众创新若干政策措施的意见	国发〔2015〕32号	2015
3	国家创新驱动发展战略纲要	—	2016
4	关于强化实施创新驱动发展战略进一步推进大众创业、万众创新深入发展的意见	国发〔2017〕37号	2017
5	关于推动创新创业高质量发展打造"双创"升级版的意见	国发〔2018〕32号	2018
6	关于印发《职业院校全面开展职业培训 促进就业创业行动计划》的通知	教职成厅〔2019〕5号	2019
7	关于提升大众创业、万众创新示范基地带动作用进一步促改革稳就业强动能的实施意见	国办发〔2020〕26号	2020
8	关于推动现代职业教育高质量发展的意见	—	2021
9	《中华人民共和国职业教育法》	中华人民共和国主席令第一一二号	2022

2. 创新创业的经济实体活跃

对一个国家和地区的经济发展而言，创新创业无疑具有巨大的推动作用。伴随着创新创业国家驱动战略的实施，我国创新创业的经济实体纷纷崛起。北京、上海、深圳等城市的创新创业成果呈指数级增长，全社会的创新创业热情不断高涨，经济增长的内生动力不断增强。通过商事制度改革采取的一址多照、一照多址、设立商务秘书公司、电商集群注册等举措，促进了众创空间、创客工场等新产业、新业态、新模式的发展，推动了我国进入创新创业的繁荣阶段。在国家高新技术产业开发区，创新创业的效果更加凸显。

随着国家创新创业的不断推进，高技术制造业和战略性新兴产业、现代服务业获得了较快增长，全国各类经济实体都发生了很大变化。共享经济、平台经济、数字经济广泛渗透，正在深刻改变着社会的生产生活方式，微观主体活力增强。2019年，新登记市场主体2377万户，日均新登记企业2万户，活跃度在70%左右，年末市场主体总数达1.2亿户。

全球创新指数是衡量一个经济体创新表现的首要参考工具。十余年来，我国在全球创新指数（GII）排行榜上的排名持续上升（图1-4），跻身于世界上最具创新性的前20个经济体之列。2020年，我国在《2023年全球创新指数（GII）》中排名第12名，成为GII前30位中唯一的中等收入经济体。虽然有所进步，但与发达国家仍有较大的差距。逆水行舟，不进则退。面对严峻的形势，必须在创新驱动上寻求更大的突破，培育竞争新优势。

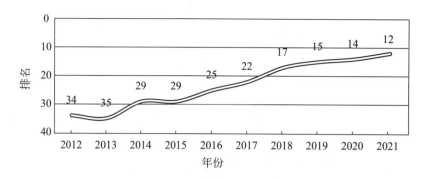

图1-4　近十年我国全球创新指数排名情况

3. 中关村的创新创业实践

中关村，即中关村国家自主创新示范区，是我国第一个国家级高新技术产业开发区，第一个国家自主创新示范区，第一个国家级人才特区，是我国体制机制创新的试验田，被誉为"中国的硅谷"。中关村有"一区十六园"的空间格局，以"三城一区"为支撑，形成了以科技创新中心为主的区域建设新格局。海淀园是中关村国家自主创新示范区的核心园区。如果说核心园区是一顶瑰丽的皇冠，那中关村西区就是皇冠上最耀眼的明珠。截至2022年底，中关村新一代信息技术产业规模约占全国17%，人工智能综合实力位居全球前列。生物医药领域获批的创新医疗器械、AI三类医疗器械上市品种和数量均居全国首位，入选中国生物技术发展中心"2022年中国生物医药产业园区竞争力排行榜"第一名。其中"中关村U30"青年创新创业大赛，已成为一个具有国际视野的创新创业品牌（见案例1-4）。

 案例1-4

"中关村U30"青年创新创业大赛简介

2015年，128位学者、企业家和投资人共同发起了"中关村U30"，致力于寻找改变世界的青年创业力量，传承中关村文化和企业家精神，营造良好的创新创业生态。

该项创新创业大赛每年举办一次，面向年龄在35岁以下的青年创业者，聚焦科技创新，拓展发现网络，整合优势资源，得到了政府及社会各界的大力支持。自发起至今，已累计吸引近5000位青年创新创业者参与，并通过开展创业培训、拓展联系机制、对接优质资源、进行多维度宣传等多层次的后续支持服务，建立起创业青年与政府、社会及投资机构之间对接与交流的平台。

近年来，中关村示范区聚焦高精尖产业发展，聚集了一批高价值、高成长的创新型企业，形成了人工智能、集成电路、生物医药等一批优势产业，创新创业持续活跃。反映新动态、新特点、新趋势的中关村指数稳步提升，由2013年的100增长到2022年的309.5（图1-5）。示范区的科技创新环境、辐射带动能力均显著提升。2019年，中关村示范区打造高品质双创生态，成果转化与孵化能力持续增强，新注册科技型企业2万余家，胡润"2020全球独角兽"93家企业股权投资金额超千亿元，本科及以上学历从业人员占比近60%，国家备案众创空间149家。与此同时，中关村示范区原始创新策源地的作用凸显，形成了科学家密集、企业创新活跃的创新格局。2019年，中关村示范区拥有"全球高被引科学家"194人，占全国的1/5；拥有21位国家最高科学技术奖得主，占全国的3/5；企业创新投入快速增长，中关村示范区企业研究与试验发展经费投入1107.9亿元，同比增长21.4%；69家企业入选欧盟"全球研发投入2500强企业"，约占全国的1/7。

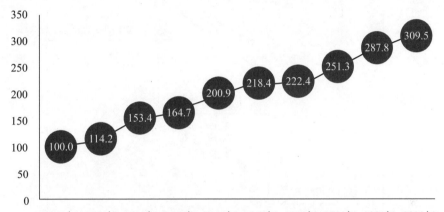

图1-5　2013—2022年度中关村指数

4. 学校的创新创业实践

本书以北京市信息管理学校为例。北京市信息管理学校是北京市海淀区的一所中等职业学校，是国家级重点示范学校。在创新创业教育方面，北京市信息管理学校积极响应创新创业教育的要求，秉承着中关村创新创业的精神，积极开展创新创业教育。结合"创时代"背景，学校以创新创业学院、创客空间建设为抓手，一方面在全校各专业推进双创通识课程，培养学生双创的基本意识和能力；另一方面将创新创业教育融入专业课程体系，形成双创知识和专业能力融合的生态链条，系统地培养学生的双创能力。

学校以信息技术、IT行业为主要发展方向，设立了动漫、微电影、平面设计、黑马电商等多个工作室，并创建了"萤火"和"梅森"两大创客空间。以各校区的创客空间为中心，每年举办"萤火杯"创新创业比赛，推进双创实践平台建设。利用企业实际项目、学生创意项目等，通过团队合作、创意激发、项目创建和项目路演等方式，形成有效的比赛激励机制和创新创业氛围。2018年以来，学校的创新创业教育取得了一系列成果，涌现出"童心蓝染""XXGL小豆包故事屋"等一批优秀的创新创业项目。

（1）萤火创客空间

北京市信息管理学校萤火创客空间坐落于此学校的清河校区，占地700多平方米，是学校第一个以创客空间命名的区域。它集创新、创意、创业教育为一体，可以进行知识分享、创意交流和协同创造，还可以一起开展有趣的项目合作，在创作中不断地激发创意，促进创新创业教育。在这个创客空间，学校根据不同专业的特点，与相应的企业进行产教协同合作，开展了一系列创新创业课程。图1-6展示了萤火创客空间的创新创业教育递进体系。

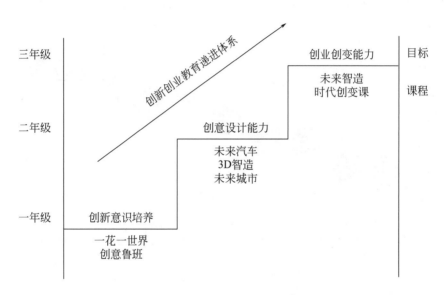

图1-6 萤火创客空间的创新创业教育递进体系

萤火创客空间分为六大主要功能区域，分别是创意设计区、DIY制作区、多功能会议区、休闲讨论区、成果展示区和创客体验区（图1-7）。其中，创意设计区、DIY制作区是创新创业教育的重要阵地，也是深受学生欢迎的区域。

创意设计区包括平面设计创意区、影视创意区、动漫游戏创意区、逐格动画创意区四个主题区域。每个创意区结合学校相关专业，配备了相应的专业设计操作软硬件设施，如高端电脑、扫描仪等硬件设备，并装有Photoshop、3D MAX、Adobe After Effects、Dragonframe等主流软件，能够开展不同专业的一系列创新创意活动。

DIY制作区配备了数控激光雕刻和切割加工设备、电子电路焊接加工设备、微型车床与铣床等机加工设备、手工制作组装工具等设备（图1-8）。这个区域集设计、加工、组装、制造、电路搭建等诸多功能于一身，可以帮助学生将创意变为现实。

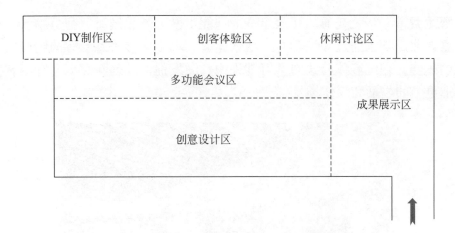

图1-7 萤火创客空间的六大主要功能区

图1-8 萤火创客空间DIY制作区的加工设备

（2）梅森创客空间

北京市信息管理学校梅森创客空间总体面积为400多平方米，坐落于此学校的中关村校区。"梅森"两字取自单词"Information"后几个字母的谐音，既象征着学校是以信息技术专业为龙头专业的发展思路，又代表了学生向著名的科学家"马林·梅森"学习的意愿，学习其跨领域不断进行科学研究的创新精神。

梅森创客空间的设计理念是让学生在体验、认知、实训、创造的过程中，利用智能物联技术改变人们的生活。以梅森创客空间为依托，学校开发了"智慧生活家""创业初体验""智能家居"和"走进物联网"等创新创业教育课程，旨在通过系统化的课程设计培养学生的双创能力。梅森创客空间整个布局分为IoT认知体验区、IoT基础创新区、IoT行业创新设计区和IoT智能控制区。

IoT认知体验区（图1-9），包含了通过智能物联技术改造的九个领域，如智能家居、智慧城市、智慧交通、智慧建筑、智能电网、智慧健康、智慧物流、智能制造、智慧农业。学生通过知识学习、场景体验、动手实操来感受智能物联技术对当今社会的改变，在沉浸体验式的学习过程中，激发他们的创新意识，利用智能物联技术创造更多的生活和工作场景。

图1-9　梅森创客空间IoT认知体验区

IoT基础创新区（图1-10）配备了33套NEWLab基础创新平台，并配有红外、温度、湿度、重力等多种型号的传感器。在这个区域，学生可以进行单片机技术、ARM嵌入式系统、RFID（射频识别）技术、二维码技术、无线通信技术、传感器技术、数据采集、无线传感器网络、智能物联应用程序开发、智能终端开发和电路创意设计的学习。

图1-10　梅森创客空间IoT基础创新区

IoT行业创新设计区，配备了智能家居、智慧物流、智慧农业等领域的相关设备，学生在这里可以学习网络搭建、传感器的安装与调试、应用层的程序开发，从而形成完整的智能物联系统。

IoT智能控制区（图1-11），是一个开放、共享、创新的区域。该实训区配备了激光雕刻机、3D打印机、智能机器人、智能机械臂、Arduino开源硬件开发板、各种外接传感器、各种工具套装、智能家居套件、创意生活家居套件、作品展示墙、Mixly编程软件、Arduino开发软件等。可随意组合的实训桌让学生可以在这里进行头脑风暴、项目展示、项目路演。通过实训区提供的软硬件资源，学生可以把想法变成现实。

图1-11　梅森创客空间IoT智能控制区

课后作业

一、单项选择题

1. 党的（　　）中提出在2035年跻身创新型国家前列。
   A. 十六大　　　B. 十七大　　　C. 十八大　　　D. 十九大
2. 2015年10月，获得诺贝尔生理学或医学奖的药学家是（　　）。
   A. 钟南山　　　B. 莫言　　　C. 屠呦呦　　　D. 李兰娟
3. （　　）被誉为"中国的硅谷"。
   A. 广东深圳　　B. 北京中关村　　C. 上海浦东　　D. 江苏南京

二、连线题

下面列出了一些知名企业的名称，它们均属于中关村战略新兴产业。上网查找中关村战略新兴产业的知名企业，将企业名称与其对应的产业类型进行连线。

企业名称	产业类型
北汽福田汽车股份有限公司	新能源与高效节能技术
北京百度网讯科技有限公司	生物工程和新医药
北京沃土天地生物科技有限公司	航空航天技术
诺达卫星通信系统技术（北京）有限公司	电子与信息
北京中科英华电动车技术研究院有限公司	先进制造技术

第二节　创新赢得未来

一、创新概述

1. 创新的含义及分类

（1）创新的含义

"创新"一词最早出自《南史·后妃传》，是指创立或创造新的东西。后来，创新被引申为以新思维、新发明和新描述为特征的一种概念化过程。在漫长的古代文明发展进程中，正是创新的力量推动着人类文明不断向前。人类历史上，早期的创新成果主要指科技创新，包括"原创性科学研究"和"技术创新"，如我国的四大发明就属于这个范畴。

中国特色社会主义新时代是一个创新的时代，创新就在人们身边。例如，高铁缩短了人们出行的时间，海水稻能解决粮食短缺问题，共享单车解决了最后一公里的交通问题等，这些都已被人们所熟悉，也给人们的生活带来了诸多方便。

创新是指在一定范围内首次引入新东西、引入新概念或制造新变化的过程或行为。广义上说，创新是指创新主体以现有的思维模式提出有别于常规或常人思路的见解，利用现有的知识和物质，在特定的环境中本着理想化需要或为满足社会需求，而改进或创造新的事物、方法、元素、路径和环境等，并能获得一定有益效果的行为。狭义上说，创新是指人类为了满足自身需要，不断拓展对客观世界及其自身的认知与行为的过程和结果。

（2）创新的分类

① 按照规模以及对系统的影响程度进行分类。从规模以及对系统的影响程度来考察，可分为局部创新与整体创新。

局部创新是指在系统性质和目标不变的前提下，系统活动的某些内容、某些要素的性质或其相互组织的方式，以及系统的社会贡献形式或方式等发生变化。如以前的手机只能打电话、发短信，但现在手机增加了照相功能、听音乐的功能，实现了局部创新。

整体创新则往往改变系统的目标和使命，涉及系统的目标和运行方式，影响系统的社会贡献性质。如特斯拉是世界上第一个采用锂离子电池的电动车公司，生产纯电动车，改变了汽车整机的运行系统。

② 按照创新与环境的关系进行分类。从创新与环境的关系分析，可分为防御型创新和攻击型创新。

防御型创新是指外部环境的变化对系统的存在和运行造成了某种程度的威胁，为了避免威胁或避免系统的损失扩大，系统在内部展开局部或全局性调整。如苏宁电器线下实体曾经发展得如火如荼，但后来淘宝、京东异军突起，为了免受互联网电商的冲击，创新性地开拓了线上业务——苏宁易购，为公司持续发展奠定了基础。

攻击型创新是在观察外部世界运动的过程中，创新主体敏锐地预测到未来环境可能提供的某种有利机会，从而主动地调整系统的战略和技术，积极地开发和利用这种机会，谋求系统的发展。"滴滴出行"便是典型的攻击型创新，利用共享出行的理念，颠覆了出租车行业。

③ 按照创新的时期进行分类。从创新的时期来看，可分为初建期的创新和运行中的创新。

初建期的创新是指系统在组建过程中的一系列创新活动，如系统目标、系统结构、系统规划等。因此，组建本身就是一项创新活动，其中蕴含的创新思想和创造的创新系统，都属于初建期的创新。如微信在初建时期仅仅是一个免费的聊天工具，它创新性地满足了人们无限次的社交需求。因为当时打电话、发送短信都是收费的，给人们之间的沟通带来了很多不便。

运行中的创新是指系统在组建完毕开始运行之后，系统的管理者不断寻找、发现和利用新的机会，调整系统的结构并扩大系统规模的创新过程。同样是微信，除了社交功能还创新性地开发出支付功能、金融功能、娱乐功能等，满足了人们多元化的需求。

④ 按照内容进行分类。从内容来看，可分为技术创新、应用创新和模式创新等。

技术创新是指系统在发展过程中广泛运用先进的科学技术，在人、机、料、工艺、产品等方面进行创新的过程。石墨烯电暖画就是一项技术创新，石墨烯具有导电性好、强度高等多种优良性能，而将其应用在电加热领域就是一种创新（见案例1-5）。

应用创新是以用户为中心，考虑到用户应用环境的变化，通过研发人员与用户的互动来挖掘用户需求，从而开发新产品的过程。如NFC闪开锁，通过手机自带的近场通信（NFC）功能与锁进行交互认证识别，打造了更方便的虚拟钥匙产品。

模式创新是指改变价值创造的基本逻辑以提升产品竞争力或用户体验的过程。如共享单车通过分时租赁模式，将其使用权与所有权进行分离，形成了一种绿色环保的共享经济。

案例 1-5

石墨烯电暖画

我国南方大部分地区冬季没有暖气，室内十分寒冷，急需一款既舒适又经济的取暖设备来解决取暖问题。传统的取暖产品中，空调虽然可以制热，但会使空气太干燥，且散热不均匀；电暖器有电磁辐射，散热面积小，持续使用的用电量太大；燃气壁挂炉安装成本高。这些产品均难以同时做到保暖、经济、环保。

那么如何实现经济实用的取暖呢？目前，采用石墨烯与水性高分子树脂复合制备成水性石墨烯导电涂层材料，用于电加热领域，可以节能环保。这个项目是首次将石墨烯电加热材料应用于传统供暖家居产品及特殊的纺织面料的项目。这种石墨烯远红外系列产品与目前市场上同类的供暖产品相比，其优势非常明显：升温时间短，5分钟内室温即可达到18～20℃；温差范围小，通过远红外线辐射，房间内各个角落的温差不超过3℃，非常舒适。

2. 创新必备的素质

（1）系统性的知识结构

知识结构是指一个人所拥有的知识体系的构成情况和结合方式。合理的知识结构包括基础知识、专业知识和复合知识，尤其是复合知识的积累，对创新人才来说更为重要。经过多年的学校学习生活，学生会接受各种专业的系统教育，形成自己的知识结构，如"T"型知识结构、塔型知识结构和网型知识结构等。

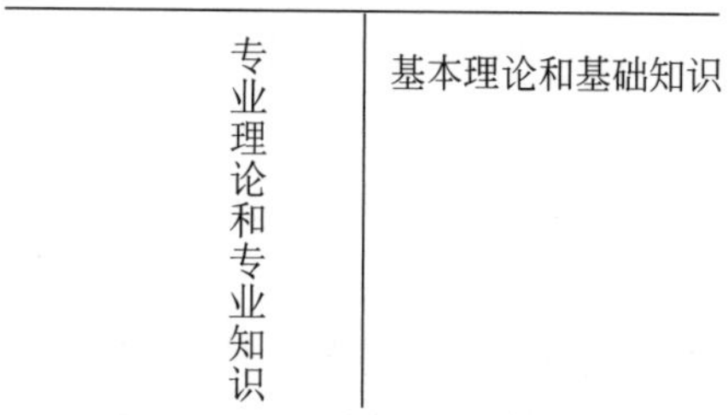

"T"型知识结构的适应性较强，在创新领域有着广泛的应用。在"T"型知识结构（图1-12）中，横线代表基本理论和基础知识，强调知识的渊博和宽厚；竖线代表专业理论和专业知识，强调专业知识的精湛和深厚。

图1-12 "T"型知识结构

塔型知识结构（图1-13），将一个人所掌握的知识结构形象地比喻为"塔"的形状，从下往上依次为基本理论和基本知识、专业基础知识、专业知识和前沿领域知识。这种知识结构的特点是底部侧重于知识的广博，中间侧重于专业的精深，顶部则侧重于创新目标。塔型知识结构将宽厚的知识集中起来，突破创新目标，获得创新成果。

网型知识结构（图1-14）强调知识的相互贯通性，由三部分组成。第一部分以自己所学专业的主攻方向作为网的中心；第二部分由基础知识、专业基础、专业知识和前沿领域知识组成，作为主攻专业方向的结；第三部分是将相关知识作为网的外围。这种结构既强调了主攻专业方向的核心地位，又强调了广泛的知识之间的互相联系，突出了整体性知识与主攻方向的协调作用。

一般来说，知识渊博的人的创造性智能发展程度相对较高。虽然一个人的创新能力并不能以读书多少来评价，但创新能力却是在已有知识的基础上进行突破的。知识是个人获得长期竞争优势的关键，应清晰地认识到创新所需要的知识体系，有意识地增强自己对创新创业所需的各类知识的积累，为实现未来的创新创业远景奠定良好的基础。

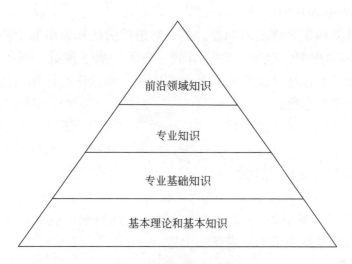

图1-13　塔型知识结构

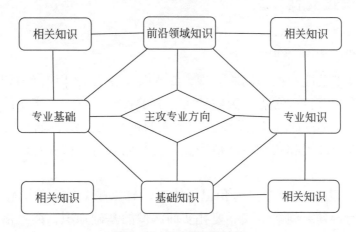

图1-14　网型知识结构

（2）主动性的创新意识

创新意识是指人们根据社会和个体发展的需要，引起创造前所未有的事物或观念的动机，并在创造活动中表现出的意向、愿望和设想。创新意识是人类意识活动中一种积极的、富有成果性的表现形式，是人们进行创造活动的出发点和内在动力，是创造性思维和创造力的前提。

创新意识是一种求新意识，是为了满足新的社会需求，或用新的方式更好地满足原来的社会需求。社会需要有创新意识的人，需要有开拓精神的人。步入新时代，我国社会的主要矛盾已经转化为人民日益增长的美好生活需要和不平衡不充分的发展之间的矛盾。只有具备创新意识的人，才能在社会改革的进程中抓住机会、把握机会，成为引领社会创新的宠儿。因此，创新意识是创新最直接的精神力量，促进了人的主体性、能动性、创造性的进一步发挥，从而使人自身的内涵获得极大的丰富和扩展。

（3）创造性的认知风格

创造性的认知风格是创新的前提。具有创造性的认知风格的个体会对外界事物和观点充满兴趣和探索的欲望，并具有敢于冒险、勇于挑战、思维灵活的个性特质，这些特质恰恰是创造性思维的显著预测变量。创造性的认知风格往往通过创造性人格来促进创造性思维。

具有创造性的认知风格的个体强调机体对当前情境的理解，对事物的创造性具有较强的认知。第一，感知敏锐，善于发现问题，具有强烈的好奇心和敏锐的观察力，能够看出别人觉察不到的细节或问题；第二，思维开阔，能够从不同的角度客观地分析事物，并对事物的信息迅速产生联想，从而把握事物的内在联系；第三，富有想象力，有独特的见解，经常将两个相去甚远的东西联系在一起，不循规蹈矩，不受常规答案限制，善于发现新的价值。

二、创新与职业发展

1. 创新是职业素养习得的惯性

创新是人类主观能动性的高级表现，是人类所特有的认识能力和实践能力。具有创新能力的人能够打破常规、突破传统，有敏锐的洞察力、丰富的想象力等，从而使思维具有一种超前性、变通性。一个人的创新能力既表现在先天遗传基础之上，又通过后天的环境和教育不断得到提升，从而获得一种稳定的心理品质和行为特征。

"大众创业、万众创新"的号角已经吹响，越来越多的人将会积极地投入到建设创新型国家的行列。创新不仅需要扎实而渊博的基础知识，而且需要广阔的视野和开拓的能力。若想创新，不仅要掌握创新知识的方法论，而且要具备良好的创造技能。在职业发展中，这种创新具体地体现在工作能力、动手能力、表现能力和物化能力等方面。因此，创新将成为人们职业生涯中不可或缺的职业素养。

2. 创新是职业能力提升的阶梯

职业能力是指个体将所学的知识、技能在特定的职业活动或情境中进行类化迁移与整合后，所形成的能完成一定职业任务的能力。职业能力是人发展和创新的基础，有一个逐渐提升的过程。在一定的工作岗位上，从业者或创业者通过不断积累经验，发挥自己的主动性和积极性，创新性地完成本职工作。毕业于北京市信息管理学校的王京海将自己所学的知识运用在职业岗位上并不断地进行创新，开拓出了职业生涯的发展空间（见案例1-6）。

案例1-6

王京海的智能油壶

19岁的王京海，毕业于北京市信息管理学校的物联网专业，目前就职于天融信科技有限公司。在学习过程中，他有着各种奇特的想法，并不断地将所学知识进行灵活运用。他积极参加各项赛事，在大赛中磨砺自己，获得了北京市市级和国家级的职业技术技能大赛物联网赛项的多项荣誉。其中就有2017年度北京市职业院校技能大赛（中职组）物联网技术应用与维护赛事一等奖、2017年度全国职业院校技能大赛（中职组）物联网技术应用与维护赛事一等奖、2018年度中美青年创客大赛二等奖。

走上工作岗位以后，王京海利用自己的优势，在岗位上精益求精。王京海的创新灵感源于生活中的细心观察和专业联想。在生活中，他观察到家里老人因为高血压和高血脂所以很关注用油量，并经常为此而烦恼。他暗暗思考，想利用自己所学的物联网专业的传感技术和网络技术来实时调节油量使用情况。

产生这一想法之后，他先扩充课堂上所学的传感器和感知网络知识，研究适合检测流量的传感技术和网络技术，有了第一版的设计轮廓。后来，他在学校老师和企业工程师的帮助下，又进一步熟悉了建模和3D打印技术，制作出产品的雏形，运用"C++"和数据库，实现了PC管理端和手机移动端的设计，将产品进行迭代，并将其命名为"智能油壶"。

该智能油壶利用物联网技术收集用油信息，根据用户的身体健康状况，运用大数据技术，给出健康用油方案，并定期将实际用油量和建议用油量进行对比分析，提醒用户健康用油。智能油壶获得了消费者的青睐。

一个人创新性地完成本职工作，会创造出更大的价值，从而获得更快更好的职业生涯发展。创新使从业者在工作上游刃有余，获得更高的成就感。随着能力的积累和发挥，职业发展空间会越来越大，职业能力也能够获得更大的提升。个体的职业能力越强，越能促进职业活动的创新，从而使个体的职业生涯进入良性循环，最终实现职业成功发展。

3. 创新是工匠精神的自然培育

工匠精神，是一种热爱工作的职业精神，是一种精益求精的工作态度。工匠精神的一个重要内涵，就是追求每一个细节都执行到位的专业精神和专业能力。每个人的职业生涯中，无论在任何岗位上，创新都是一种不竭的动力，它推动着人们不断求索、不懈追求，在自己的岗位上兢兢业业地做好本职工作。人们用工匠精神铸造自己创新创业的人生规划。

2015年，央视推出了《大国工匠》8集系列节目，向观众展示了24位不平凡的劳动者的成功之路。他们虽然是默默无闻的基层职工，但表现出的岗位精神将成为永恒的职业财富。他们之中，有的是不畏艰苦在第一线奋战的技术工人，有的是在自己的岗位上几十年如一日不断创新的高级技工。他们依靠自己出色的技术，坚持创新创业，在国际舞台上书写"中国制造"的自信和骄傲。他们用自己爱岗敬业、一丝不苟、勇于创新、追求卓越的精神，攻克了一个又一个难题，创造了一个又一个奇迹，书写了一部由工匠精神托起的东方巨龙发展史。该节目彰显了一个个从学徒开始一直奋斗在生产一线的杰出劳动者。他们不断创新，以创新精神在自己的工作岗位上做出了不平凡的业绩。大国工匠的创新技艺和创新精神在中职创新创业教育领域引起了强烈的反响。

三、创新案例

靓家货品牌创始人——李靓

李靓是北京市信息管理学校2001届的毕业生，"靓家货"品牌创始人。他在校期间就读于餐饮专业，毕业后又继续在"全素刘"学习，成为"全素刘"的第四代传人。但他并不满足于现状，又继续深造了营养学、保健学等相关课程，从而进一步熟谙了美食的内涵。在此基础上，他一路钻研厨艺，先后考取了中西餐高级技师、高级营养保健师等资格证。

2012年，李靓参加了东方卫视播出的 Master Chef 中国版——《顶级厨师》。第一季的《顶级厨师》让很多人看到了李靓的实力。到第二季时，他就被节目组邀请成为美食组导演兼制片，也成为各大电视台的网络美食红人，同时还是多个酒店特聘的美食顾问。现在，他已经能够做很多国家的名菜，比如意大利的蔬菜汤、法国的焗蜗牛、印度的咖喱鸡、泰国的冬阴功汤……这些菜，成为众多消费者餐桌上的佳肴。

为了让更多人尝到他做的美食，他推出了自己的品牌"靓家货"，其主要有两方面的产品，酱货系列和养生汤料包系列。其产品口味适中，酱香浓淡适宜，空口吃不咸，配菜吃不寡；有五香卤味但香料味不突出，肉香浓郁。每种食材的软硬度都控制得刚刚好，肘子软糯，烂而不散；猪蹄软中有弹，胶质丰富，鲜而不腻；牛肉入味有劲，湿而不透；鸭翅微辣弹牙，筋而不硬。

通过不断地创新，李靓实现了自己的美食梦想。但是他还有更大的梦想，"让所有人都喜欢我制作的美食，虽然听上去有点不切实际，但我会朝着这个梦想前进、努力"。

第三节　创业赋能人生

一、创业概述

1. 创业的含义及分类

（1）创业的含义

狭义的创业通常指创建一个企业的过程。创建一个新企业一般需要符合以下四个方面的条件：一是企业的创办必须符合法定的程序；二是新创企业能够提供满足市场需求的产品和服务；三是新创企业需要确定适合产品或服务的营销模式；四是新创企业需要一个创业团队，并能根据企业发展的需要进行有效的管理，包括技术管理、财务管理、营销管理、人力资源管理等。

广义的创业通常指创造新的事业的过程。换言之，所有创造新事业的过程都是创业。无论是创建新企业，还是在工作岗位上创造性地发现机会，实现自己的价值和抱负，都可以称为创业。所以从广义的角度去理解，创业既包括创立营利性组织，也包括创立非营利性组织；既包括运行政府设置的部门和机构，也包括运行非政府的组织和机构等；既包括创建大型的企业，也包括从事小规模的个人或家庭事业。

这是一个鼓励创业、支持创新的时代，在国家政策的指引下，越来越多的个体变身创客，走上了创新创业之路。创新创业不仅意味着可以创造出更丰富、更贴心的产品和服务，为社会创造财富，而且能够让创业者施展才能，实现自身的社会价值和人生理想。

总的来说，无论是广义的创业还是狭义的创业，都是指通过发现和识别市场机会，利用各种资源在某一领域开辟一个新的天地来进行革新或创造，从而创造社会服务和商业价值的过程。

（2）创业的分类

① 按创业动机分类。依据创业者的创业动机，将创业分为生存型创业和机会型创业。

生存型创业是指创业者为了生计而被动进行的创业。这种类型的创业者大多为下岗工人、失去土地或因为种种原因不愿困守乡村的农民，以及刚刚毕业找不到工作的大学生，如下岗工人开餐馆等。

机会型创业是指创业者为了追求商业机会、谋求更多发展而从事的创业活动。相比较而言，机会型创业由于创业者拥有较高的学历，能够抓住新的市场机会，拥有更高的技术含量，所以无论从经济效益还是改善经济结构、拉动社会就业来说，更容易获得政府关注和创业资金支持，如科大讯飞。

② 按创业性质分类。根据创业的性质，可以分为传统技能型创业、高新技术型创业和知识服务型创业三种类型。

传统技能型创业，主要指使用传统技术、工艺进行创业的项目。在这些行业中，独特的传统技能项目表现出经久不衰的竞争力，许多现代技术无法与之竞争，比如加多宝的渠道创新推动了凉茶行业的生态革命等。

高新技术型创业，是指那些知识密集度高，持续进行研究开发与技术成果转化，形成企业的核心自主知识产权，并带有前沿性、研发性的新技术和新产品项目，比如同方、IBM 等。

知识服务型创业，是专为人们提供知识、信息的创业项目。这类项目投资相对少，但见效快，如新东方、好未来等。

③ 按创业者的数量分类。按照创业的人数进行分类，可以分为独立创业和合伙创业。

独立创业是指创业者独立创办企业的过程。这种创业的优势是创业者按照自己的思路来经营和发展自己的企业，无须受到他人对企业经营造成的干扰。这种独立创业的优势是产权清晰、责任明确，利润归创业者所独有。缺点是创业者独自承担风险，创业资金筹备困难，企业发展也可能受到个人能力限制。如腾讯、京东等都属于独立创业的企业，这类创业企业的创始人具有全面的、综合性的创业能力。

合伙创业是指两个及两个以上的创业者共同创办一个企业的过程。这种创业类型由于是几个人共同创办，有利于优势互补、共担风险，形成一定的团队优势。不足的是，这类创业容易产生利益冲突，企业内部管理费用较高，在某一决策上容易产生分歧等。目前大部分公司都是合伙创业，如新东方就是由俞敏洪、徐小平和王强三个人共同创办的。

④ 按创业的方向或风险分类。按照创业的方向或风险分类，可以分为依附型创业、尾随型创业、独创型创业、对抗型创业四种类型。

依附型创业，是指依附于他人或他类企业的某种形式所进行的创业。如特许经营权，即利用他人或他类企业的品牌效应或成熟的经营管理模式，以减少创业的风险。又如很多个体创业者依附"饿了么"平台开办了餐馆。另外，依附于大企业或产业链而生存的企业也属于这种类型，这类企业专门为某个或某类企业生产零配件、包装材料等。

尾随型创业，是指模仿他人的一种创业方式。这种类型的创业在市场上拾遗补缺，不求独家承揽全部业务，只希望能够在短期内维持企业，并随着自身的成熟再逐步进入强者行列。比如腾讯在创业初期就模仿了国外的ICQ，并逐渐发展起来。

独创型创业，是指提供的产品或服务能够填补市场空白的创业方式。这种创业大到产品本身，小到产品的某方面技术，都具有独一无二的特性。如支付宝中的担保交易就填补了市场空白，将我国电子商务和信用担保推进了一大步。

对抗型创业，是指进入其他已经形成垄断或高度认同感的市场，与之进行对抗和较量的一种创业方式。这类创业的风险极高，必须知己知彼，抓住市场机，将自己的优势发挥得淋漓尽致。如拼多多是继淘宝、京东等电商平台之后，专注于拼团的一家社交购物电商平台。

2. 创业必备的素质

创业是一条艰难的路，并不是每一个人都适合创业。创业者除了要具备相应的知识、战略决策等能力外，还需要具备正确的价值观、清晰的自我认知和良好的品质等。这些素质是创业持续进行和成功的内生动力，也是一个创业者的原动力。

（1）全面的知识储备

知识对创业起着举足轻重的作用。要想有创造性思维，要做出正确的决策，创业者必须掌握广博的知识，拥有一专多能的知识体系。个人的知识和先前的工作经验会引导创业者形成一个"知识走廊"，使得个人拥有独特的信息储备，能够识别和发现其他人不易识别的创业机会。具体来说，在创业过程中除了具有系统的专业知识，创业者还需要储备经济法规、企业管理、市场营销和账务金融等多方面的知识。

（2）强烈的创业意识

要想取得创业的成功，创业者必须具备实现自我、追求成功的强烈意识。意识是一个人强大的精神支柱，强烈的意识可以帮助人们不断地探寻知识，不断地追求进步。创业也一样，需要有强烈的创业意识来推动创业想法的实施。强烈的创业意识可以帮助创业者克服创业道路上的各种艰难险阻，将拟定的创业愿景作为人生孜孜追求的奋斗目标。

（3）良好的心理品质

良好的心理品质，是指创业者在创业过程中的起调节作用的个性心理素质。这种心理品质与人固有的气质、性格有着密切的关系，主要体现在人的独立性、敢为性、坚韧性、克制性、适应性、合作性、竞争性等方面，它反映了创业者的意志和情感。创业之路充满了艰险与曲折，创业的成功在很大程度上取决于创业者的心理品质。宋代大文豪苏轼曾说："古之立大事者，不惟有超世之才，亦必有坚忍不拔之志。"只有具备处变不惊的良好心理素质和愈挫愈强的顽强意志，才能在创业的道路上自强不息、顽强拼搏，闯出属于自己的一番事业。

（4）清晰的自我认知

自我认知是创业者持续思考自我与他人的价值取向，以及与外界的关系等的思辨能力。创业是一个人目标逐渐清晰、资源逐渐增加、知识和能力逐渐增强的过程。自我认知不仅决定着一个人的创业胜任力，而且能影响一个人的人生态度与气度格局。在这个过程中，自我认知能力强的创业者能够保持头脑冷静，清醒地审视自我价值与人生追求，不断实现自我突破。这一点正是优秀创业者与普通创业者最本质的区别。

（5）综合的创业技能

创业技能由决策能力、经营管理能力、专业技术能力、交往协调能力与创新能力组成。创业技能是一种特殊的能力，往往会影响创业活动的效率和结果。在创业过程中，创业者需要具备创业技能。当然，拥有创业技能不是一蹴而就的，也需要不断地学习，不断地拓展各方面的相关知识。要想成为一个成功的创业者，必须做一个终身学习者。单个的创业者并不一定能具备所有的创业素质，毕竟一个人的精力有限。如果能寻找到合适的创业伙伴，双方优势互补，组成一个良好的创业团队，创业更容易获得成功。

二、创业与职业发展

1. 创业是一种生产方式

党的二十大报告指出，坚持科技是第一生产力、人才是第一资源、创新是第一动力，深入实施科教兴国战略、人才强国战略、创新驱动发展战略，开辟发展新领域赛道，不断塑造发展新动能新优势。创业型经济本质上是创新驱动的经济发展方式，是创新驱动发展战略的具体实现，是新经济的一种形式，也是一种新的经济组织形式。当前，国内涌现出了众多的科技园区、产业园区、创业园区、创新工场、创客空间等创新创业基地，创业者、技术、投资等诸多要素聚集。通过技术创新、资源整合等方式，创业者创造出新的经济价值和社会价值，这就是创业型经济的逻辑。从这个意义讲，创业是一种新型的生产组织方式。

在我国，北京、上海、深圳等城市纷纷跃升为创新创业高地。伴随着创业者群体规模的逐渐扩大和创业服务需求的快速增加，创新创业的服务行业日渐发展壮大，正在成长为一个新的产业形态。这种业态已形成一种集群式的生产方式，创业活动和创业型经济对当地经济发展的贡献率正在急速上升，成为一种新型的生产方式。

2. 创业是一种生活方式

不少人喜欢用华丽的词语描述创业，如"伟大的事业""伟大的梦想"，其实创业并没有如此"高大上",也不是高深莫测的,只是人们选择的一种生活方式。20世纪末,创业者群体还是小众群体,一般指社会精英、海归和企业家等,其规模也相对较小。进入 21 世纪,尤其是十八大以来,随着国家加大对创业扶持的力度,以及以"互联网+"为特征的新经济时代和以"大众化"为特征的创业黄金时期的到来,创业者群体呈现出扩大化的趋势。

随着国家创新驱动发展战略的不断推进,草根创业、社会人员创业和应届毕业生创业的比例有所上升,创业主体基本上完成了从"小众"向"大众"的过渡。创业,不仅是开创一项新事业的行动,还是一种理念,是人们的一种行为方式。成功了不满足,失败了也不畏惧,即使创业是一个艰苦的、枯燥的,甚至是令人沮丧的过程,也要坚持下去。彼得·德鲁克说过"企业家就是那些愿意过不舒服的日子,或者说不愿意过舒服日子的人"。对一些人来说,创业本身就是他们的一种人生追求,创业已经成为隐藏在他们内心深处的基因。

3. 创业是一种职业生涯

职业生涯是一个人一生与职业相关的行为与活动,以及相关的价值观、态度和愿望等连续性经历的过程。有的人天生是创业者,他们会选择将创业作为自己的生活方式,成功也好,失败也罢,他们都坚定地追求自己的创业活动。有的人在进行职业生涯规划时,认为自己可能适合创业,但在从事创业活动的过程中发现自己可能不适合创业,最终选择中断创业活动,转而谋求稳定的就业岗位。

《2019 年中国大学生就业报告》数据显示,2019 届高职高专毕业生半年后自主创业的比例(3.6%)高于本科毕业生的比例(1.8%)。但是在浩浩荡荡的创业大军中,创业的成功率也较低,很多人在中途退出创业后又选择了受雇工作。因此,大部分人还是会选择先工作一段时间,有了一定的实践经验积累,发现了创业的点子或者创业的机会后继而开展创业活动。因此,创业是个人职业生涯的一部分,从某种意义上讲,也是一种职业生涯。

三、创业案例

韩帅:在创新创业中找到人生的光亮

韩帅毕业于武汉交通职业学院船舶与航运学院的航海技术专业,是一名开发水下智能检测技术的优秀创业者。2019 年,他成立了武汉宇太志星科技有限公司,专注开拓自己的创业事业。创业团队开发了"舰船水下维护检测清洗机器人""海底管道检测机器人""教育竞技类机器人""水面环境检测无人艇""水下搜索滑翔机""仿生机器鱼""电动救生圈"等多款工业级和教育级水面及水下机器人,未来将面向水下清洁、管道检测、地形探测三大典型应用场景及对应的细分行业提供产品服务。

　　韩帅是一个在职业院校成长起来的创业者,由于他从小喜欢机械设计,在学校的小创作、小改革活动中开始崭露锋芒。后来,学校组织参加国家大赛,他积极参与,在指导老师的带领下组建了自己的科研团队并担任队长。当时组队主要是参加全国大学生机器人大赛 RoboMaster 机甲大师赛,每个团队需要自行研发并设计制作英雄机器人、步兵机器人、工程机器人、哨兵机器人和空中机器人。最终他们设计的几款机器人达到组委会的标准并顺利参赛,在 2018 年 5 月与全国 985、211 高校团队同台竞技,最终获得全国三等奖的好成绩。自此以后,韩帅开启了自己的创业历程,利用专业知识不断进行各类设计和产品研发,在各类创新创业大赛中获得了多项奖项。

　　从韩帅的创业经历可以看出,他具有创业者的很多创业特质,将专业知识与创业实践紧密结合,并具有强烈的创业意识和清晰的自我认知等。比赛不仅使韩帅受益匪浅,更让他增强了创业的信心。"高职院校的学生通过自己的努力也可以让人刮目相看,通过比赛,我们认清了自己的潜在价值。"韩帅说。这些创业经历让他对创业更有兴趣,对未来也更有信心。目前,他的创业产品已成功转化,第一款人工智能水下检测清洁机器人产品也被中央电视台新闻频道进行了专访报道,受到了社会的广泛关注。

【小结】

创业大赛介绍

　　创新创业是国家创新驱动发展战略的内容之一,也是建设创新型国家的必由之路。目前,很多国家的创新创业已经走向成熟,如瑞士、德国、以色列、美国等国家,无论在政策扶持、领域分布还是人才培养方面,都有许多值得借鉴的经验。在我国,创新创业的号角已经吹响,国家在很多方面给予政策鼓励,涌现了一批创新创业的经济实体。作为国家创新示范区的中关村,其创新创业实践走在了世界前沿,引领着我国的创新创业发展趋势。北京市信息管理学校在创新创业方面进行了积极的探索,并创建了萤火创客空间和梅森创客空间。通过了解国内外的创新创业情况,紧跟时代发展的步伐,个体可以在创新创业的大趋势中成就自己的职业人生。

　　职业生涯反映了一个人从事社会活动的价值和地位。无论在工作岗位上,还是在创业之路上,创新能力和创业精神都是职业生涯中的重要素质。本章通过阐述创新和创业的定义、分类、所具备的素质,诠释了创新创业在职业发展中的重要作用。在职业发展过程中,创新是职业素养习得的惯性、是职业能力提升的阶梯、是工匠精神的自然培育;创业是一种生产方式、是一种生活方式、是职业生涯中的重要组成部分。创新赢得未来,创业成就人生。在职业发展过程中,创新创业必将更好地引领人生之路。

课后作业

一、思考题

在表 1-2 中填写各类典型的创新创业人物,并查找相关资料,在横线上写出他们的成就或贡献。

表1-2　各类创新创业人物

类　型	人物 1	人物 2	人物 3
具有工匠精神的人物			
与本专业相关的行业翘楚			
自己感兴趣的人物			

具有工匠精神的人物 1:_____

　　成就或贡献:_____

_____

具有工匠精神的人物 2:_____

　　成就或贡献:_____

_____

具有工匠精神的人物 3:

　　成就或贡献:_____

_____

与本专业相关的行业翘楚 1:_____

　　成就或贡献:_____

_____

与本专业相关的行业翘楚 2:_____

　　成就或贡献:_____

_____

与本专业相关的行业翘楚 3:_____

　　成就或贡献:_____

_____

自己感兴趣的人物 1:_____

　　成就或贡献:_____

_____

自己感兴趣的人物 2:_____
　　成就或贡献:_____
_____

自己感兴趣的人物 3:_____
　　成就或贡献:_____
_____

二、主观题

学习了书本中的创新创业案例后,谈谈他(她)们的案例对自己的专业学习和职业生涯有哪些启示。

_____
_____
_____
_____
_____
_____

第二章 创新思维与创新方法

内容要点

本章内容围绕创新思维培养和创新方法应用两部分展开。第一部分是创新思维培养,主要列举了想象思维、逆向思维、发散思维、直觉思维与灵感思维几种思维类型。第二部分是创新方法应用,介绍了缺点列举法、组合创新法、移植创新法、头脑风暴法、模仿创新法和奥斯本检核表法六种创新方法。本章结合相关案例,理论联系实际,主要目标是帮助学习者培养创新思维,并运用创新方法开展实践活动。

知识体系

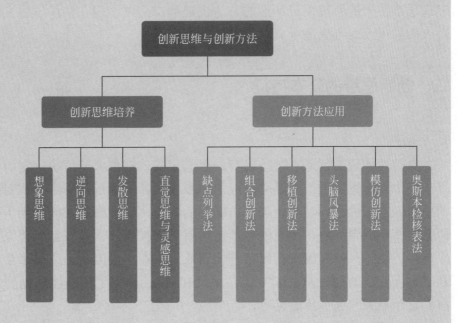

第一节　创新思维培养

案例导入

用创新思维破解
技术难题

一、创新思维的定义

创新思维是指以新颖独创的方法解决问题的思维过程，是人类思维的一种高级形态。人通过这种思维能突破常规思维的界限，以超常规甚至反常规的方法、视角思考问题，提出与众不同的解决方案，从而产生新颖的、独到的、有社会意义的思维成果。创新思维的本质在于将创新意识的感性愿望提升到理性的探索上，实现创新活动由感性认识到理性思考的飞跃。

与创新思维相对应的是定势思维。定势思维也称惯性思维，是由先前的活动而产生的一种对活动的特殊心理准备状态或对活动的倾向性。在环境不变的条件下，定式思维使人能够应用已掌握的方法迅速解决问题，但在情境发生变化时，则会妨碍人们采用新的方法进行突破。

二、创新思维的基本特征

1. 突破性

突破性体现为创造者突破已有的思维定式，在思考或解决问题时，有意识地抛开头脑中以往思考类似问题所形成的思维模式，排除以往思维模式对寻求新的设想的束缚。突破性还体现在超越人类既存的物质文明和精神文明成果上。从超越既存的物质文明成果来看，产品的更新换代就是科技研发人员在创新思维上敢于去超越原产品的结果；从超越既存的精神文明成果来看，爱因斯坦突破了牛顿经典力学的静态宇宙观去思考，从而创立了"狭义相对论"。有了突破性的创新思维，就可能取得意想不到的创造性的成功。

2. 求异性

创新思维以求异、新颖、独特为目标。一般来说，人们对司空见惯的现象和已有的权威结论怀有盲从的心理，这种心理使人很难有所发现、有所创新。创新思维在创新活动过程中，尤其在初期阶段，求异性特别明显。它要求创造者关注客观事物的不同性与特殊性，关注现象与本质、形式与内容的不一致性，不轻信权威，以怀疑和批判的态度对待一切事物和现象。

3. 非逻辑性

非逻辑性是指创新思维往往超出逻辑思维，出人意料地在违反常规的情形下出现，它并不严密或暂时说不出什么道理，但却有效。因此，创新思维的产生常常具有非逻辑性，省略了逻辑推理的中间环节。

需要指出的是，创新思维的过程往往既包含逻辑思维，又包含非逻辑思维，是两者相结合的过程。在创新思维活动中，新观念的提出、问题的突破往往表现为从"逻辑的中断"到"思想的飞跃"。这通常都伴随着直觉、顿悟和灵感，从而使创新思维具有超常的预感力和洞察力。

4. 灵活性

创新思维表现为人的视角能随着条件的变化而转变，能摆脱思维定式的消极影响，善于变换视角，灵活地看待同一问题，善于变通与转化，重新解释现存的信息。同时，创新思维反对一成不变的教条，而是根据不同的对象和条件，具体情况具体分析，灵活应用各种思维方式。

5. 综合性

综合性是把对事物各个侧面、部分和属性的认识统一为一个整体，从而把握事物的本质和规律特征。综合性不是把事物各个侧面、部分和属性的认识随意地、主观地拼凑在一起，也不是机械地相加，而是按它们内在的、必然的、本质的联系把整个事物在思维中再现出来的思维特征。"嫦娥工程"充分运用综合性思维的特点进行多项创新（见案例2-1）。

 案例 2-1

"嫦娥工程"探月计划

2004年，我国正式开展月球探测工程，并命名为"嫦娥工程"，迈出了月球探测的第一步。嫦娥工程分为"无人月球探测""载人登月"和"建立月球基地"三个阶段。这是一个长期的、分阶段的浩大工程。

嫦娥工程涉及月球探测卫星、运载火箭、发射场、测控和地面应用等几大系统，涉及多个部门、领域和学科，是一个超大的综合性工程计划，只有以创新的综合性思维才能完成。从"嫦娥一号"到"嫦娥五号"，完成了多项自主创新。2020年12月，"嫦娥五号"成功地完成了探月任务，在月球表面上采集了约2千克的样品带回地球，并实现了我国航天史上的"四个首次"，即首次在月球表面自动采样，首次从月球表面起飞，首次在38万公里外的月球轨道上进行无人交会对接，首次带着月壤以接近第二宇宙速度返回地球。

三、创新思维的表现形式

一般而言,创新思维在表现形式上有想象思维、逆向思维、发散思维、直觉思维与灵感思维。在解决非常规问题时,创新思维是非常高效的、具有创造性的思维。

1. 想象思维

人总会在头脑中塑造过去未曾感触过的事物形象,或将来才有可能实现的事物形象,这是一种想象。想象思维是人脑通过形象化的概括对脑内已存在的记忆表象进行加工、改造或重组的思维活动。

想象思维的方式有两种,一是无意想象,即事先没有预定的目的,不受主体意识支配的想象。想象思维在外界刺激的作用下,会不由自主地产生。二是有意想象,是按照事先预定的目的,受主体意识支配的想象。它是人们根据一定的目的,为塑造某种事物形象而进行的想象活动,这种想象活动具有一定的预见性、方向性。著名的科幻和冒险小说作家儒勒·凡尔纳创作的《海底两万里》中所想象的事物很多都已成为现实(见案例2-2)。

 案例 2-2

《海底两万里》中的想象思维

儒勒·凡尔纳(1828—1905)是19世纪法国著名的科幻小说和冒险小说作家,被誉为"现代科学幻想小说之父"。他创作的《海底两万里》,描绘了阿龙纳斯教授跟随尼摩船长乘坐"鹦鹉螺号"在海底进行了一场长达两万里的、既趣味盎然又惊险刺激的、充满了浪漫主义的奇幻旅行。

凡尔纳没有到过海底,却把海底的景色写得如此生动,读来引人入胜,如身临其境,表明他具有非凡的想象力。他在书中所想象的事物如今基本都已经实现,以电力做动力的潜艇即现在的核动力潜艇,用空气压缩的枪发射带电的子弹即现在的电击枪,还有潜水艇、电能、完善的潜水设备……其中,"鹦鹉螺号"是小说里描写的世界上绝无仅有、独一无二的潜艇。作为尼摩船长的座驾,"鹦鹉螺号"完全超越了当时的科技发展水平,是作者伟大的想象力的产物。

后来,人们以"鹦鹉螺号"为原型,制作了"鹦鹉螺号"核潜艇,它是隶属于美国海军的一艘核潜艇,是世界上第一艘核潜艇,也是第一艘从水下穿越北极的潜艇。

显然，没有做不到的，只有想不到的。只有积累科学知识，才能形成源于现实或高于现实的想象，否则产生的不是科幻而是空想。将科幻与想象变成现实，便能够推动科学的进步和社会的发展。

2. 逆向思维

逆向思维也称反向思维，是指对现有事物或理论进行反向思考的一种创新思维方式。逆向思维是创新思维中最主要、最基本的方式，体现了思维的创造性，要求思维活动的方式不仅要善于求同，更要善于求异，使思维具有流畅性、变通性与独特性等特征。

逆向思维有三大类型：一是反转型逆向思维，是指从已知事物的原理、功能、属性和方向的相反方向进行思考；二是转换型逆向思维，是指在遇到一个问题时，由于解决问题的手段受阻，而转换成另一种手段或角度进行思考，以使问题顺利解决的思维方法；三是缺点逆用型逆向思维，是一种利用事物的缺点，将缺点变为可利用的东西，化被动为主动、化不利为有利的创新思维方法。其中缺点逆用型逆向思维不以克服事物的缺点为目的，相反将缺点化弊为利，找到解决方法。

逆向思维是一种科学、复杂的思考方式。因此，在运用时一定要对所思考的问题有全面、深入、细致的了解，依据具体情况具体分析的原则，绝不能犯简单化的毛病。当面对长期解决不了的问题或者长久困扰人们的难题时，采用逆向思维往往可以取得好的效果。"司马光砸缸"就是逆向思维的典型体现（见案例2-3）。

 案例2-3

"司马光砸缸"之转换型逆向思维
——人脱离水，还是水脱离人

"司马光砸缸"的故事在我国可谓家喻户晓，讲述了司马光救人的故事。司马光和小伙伴一起玩耍，其中一位小伙伴不慎掉进大水缸。有人跑去找大人，有人束手无策地站在缸边干着急，还有人试图把落水者拉出水缸，但是个子矮根本够不着。这时，司马光急中生智，搬起石头砸破了水缸，当水流出后，小伙伴得以救出。

这个故事给人以启迪，当小伙伴落入水缸后，有两种解救思路，一种是把人拉出水缸，另一种是让水流出来。传统上，大多数人会想如何把人从水中拉上来，而不会去想如何把水放出去。但司马光急中生智，反其道而行之，冲出固定思维的束缚，把研究对象放在了水上，将水放走也同样达到了救人的目的。这种思维方式就是转换型逆向思维。

3. 发散思维

发散思维又叫求异思维或辐射思维，是人们从某一思维基点出发，运用已有的知识和经验，通过各种思维手段，沿着各种不同的方向去思考，重组记忆中的信息和眼前的信息，以获得大量的新信息，找出更多更新的可能的答案、设想或解决方法的思维方式。在发散过程中进行重组，在重组中寻找解决问题的方法，就是一种创造性思维方式。发散思维具有流畅性、灵活性及独创性三个主要特点。

4. 直觉思维与灵感思维

与其他创新思维相比，直觉思维与灵感思维是两种更趋成熟和更加高级的创新思维，在创新活动中具有极其重要和不可替代的地位。利用直觉思维与灵感思维，结果有可能会产生理论或观念上的重大突破、某种新材料或新器件的重大发现、某项新技术或新产品的发明等。

直觉思维是指人在现有知识、经验的基础上，凭感觉直观地把握事物的本质和规律，迅速解决问题或对问题作出某种猜想或判断的思维活动。直觉思维的特点表现为直接性、高效性、敏感性、预见性和结论的不确定性等，有助于创造者作出选择，作出创造性的预见。

灵感思维是指经过长期的冥思苦想之后突然产生新想法，瞬间解决问题的思维活动。灵感思维是突如其来的、瞬间产生的，是一种顿悟，是思维过程中的一种短暂的最佳状态。它具有新颖性、偶然性、易逝性的特点。

直觉思维和灵感思维的产生不是无缘无故、毫无根基的，是凭借人们已有的知识和经验才得以出现的。因此，直觉思维和灵感思维往往比较偏爱知识渊博、经验丰富的人。产生直觉思维和灵感思维需要三个要素，即广博的知识积累、丰富的生活经验和敏锐的观察力。因此，不断积累知识，增加生活经验，善于观察和总结记录，直觉思维和灵感思维就会越来越丰富。比如，人人熟知的米老鼠滑稽可爱，却是创作者在失业的绝境中突发灵感而创作的（见案例2-4）。

 案例2-4

米老鼠的诞生

米老鼠堪称一位超级明星，影响了一代又一代人。它的登场归功于动画艺术片的先驱沃尔特·迪斯尼。迪斯尼曾学习美术，一开始以绘制商业广告为生，20岁时便开始研究创作动画片，厂址就是好莱坞一间破旧的老鼠经常出没的汽车房。当时正值美国经济危机时期，迪斯尼一有空闲时间，就饶有兴味地观察钻出钻进的小老鼠。

一次，他从纽约乘火车去洛杉矶。在漫长的旅途中，他闲来无事，脑子浮现出老鼠进进出出灵动的样子。于是，他即兴作画，画出了一个新"角色"的雏形，一只穿着红天鹅绒裤、黑上衣、戴着白手套的小老鼠。原本令人生厌的老鼠竟如此幽默可爱，顿时引起旅伴们的注意。不久，当动画片需要新的角色时，米老鼠就机灵地登场了。

图2-1 "米老鼠"形象

米老鼠可爱的形象（图2-1），博得观众的喜欢，它的出现让人们暂时忘记了经济萧条所带来的烦恼。米老鼠随着轻快的音乐而踩脚、跃动、吹口哨，可爱的动作和姿态受到人们的欢迎，一下轰动了纽约。不到两年，米老鼠就成了举世闻名的"明星"。

"米老鼠"就是触发了迪斯尼的灵感而产生的。这表明在对问题进行较长时间思考的执着的探索过程中，需随时留心和警觉，在同某些相关与不相关的事物接触时，有可能在头脑中突然闪现所思考问题的某种答案或启示。就像迪斯尼由小老鼠触发的灵感一样，许多意想不到的事物都有可能在某个时候成为触发灵感的媒介物。

课后作业

一、判断题

1. 思维是人脑对客观事物的本质属性以及内部规律性的间接和概括的反映。

（　　）

2. 创新思维的本质在于将创新意识的感性愿望提升到理性探索，实现创新活动由理性认识到感性思考的飞跃。

（　　）

3. 定势思维是个人具有的一种固定的思考模式，容易产生思想上的惰性，需要杜绝该思维方式。

（　　）

4. 非逻辑性是创新思维的特征之一。

（　　）

二、连线题

以下是逆向思维的相关案例，请将左边的案例与右边的思维类型进行连线。

案例	思维类型
温度计	转换型逆向思维
司马光砸缸	缺点逆用型逆向思维
竹篮打水	反转型逆向思维

三、应用题

草坪被广泛应用在社区、广场、公园的绿地以及运动场地等，但它长得很快，而且参差不齐，影响使用和美观。试想出一些办法解决这个问题。开动脑筋，想出的办法越多越好。

___

___

___

___

___

___

___

第二节　创新方法应用

案例导入

共享单车：让自行车回归城市

创新方法是指创新活动中带有普遍规律性的方法和技巧。创新方法通过研究一个个具体的创新过程，从而揭示创新的一般规律和方法。比如，创新的题目是如何确定的，创新的设想是如何提出的，设想又是如何变成现实的……创新方法的应用既可以直接产生创造、创新成果，同时也可以启发人的创新思维，还可以提升人们的创造能力、创新能力，以及创造、创新成果的实现率。

古往今来，人们在实践中产生了许多积极的创新方法，包括：延伸法，对原有产品进行再创造使之更加完美；移植法，对原有产品进行改造使之适用于其他用途；扩展法，利用现有的技术解决生产、生活中的问题；仿生法，模拟生物的动作、能力来解决问题；变异法，借助现有技术通过结合与变化构思出新的类型等。本节重点介绍缺点列举法、组合创新法、移植创新法、头脑风暴法、模仿创新法和奥斯本检核表法六种常用的创新方法。

一、缺点列举法

缺点列举法是指发现、挖掘已有事物的缺点，将其一一列举出来，通过分析缺点，确定创新目标，制订革新方案，从而进行创造发明的创新方法。如果对经常使用而又十分熟悉的物品采取"吹毛求疵"的态度，开动脑筋，找出这些物品在使用过程中的缺点或不合理性，并对这些物品存在的缺点加以改进，可能会成功地产生一些新的发明。

缺点列举法是改进原有事物的一种创新方法，任何事物总会有缺点，没有十全十美的事物。只要人们注意观察，总能找出事物的不足或缺点。此方法主要围绕原事物的缺陷加以改进，一般不改变原事物的本质与总体。它可以用于老产品的改造，也可用于对不成熟的新设想、新产品的完善等。缺点列举法的特点是直接从社会需要的功能、审美、经济等角度出发，关注研究对象的缺陷，提出改进方案。

缺点列举法的实施步骤包括以下几点。一是选定研究对象。研究对象应相对较小、比较简单，如果研究主体过大可以进行分解，针对问题的局部进行分析研究。二是分析事物。要确定与问题相关的信息的种类，对事物进行系统分析。三是列举缺点。要从多角度观察事物，根据该研究主体的各个表征方面，发挥发散思维，尽量列举其不足和缺点。减震球拍的创新便体现了这一点（见案例2-5）。

案例 2-5

减震球拍的诞生

日本美津浓有限公司原是生产体育用品的一家小企业。在市场调查中他们发现，初学网球者在打球时不是打不到球，就是打一个"触框球"把球碰偏了。为了克服这个缺点，公司设计了一些比标准球拍大 30% 的初学者球拍，其一上市就非常畅销。

后来，他们又了解到初学者打网球时，手腕容易产生一种炎症，并被人们称为"网球腕"。这是人的腕力弱，在打球时发生腕震而导致的一种疾病。为此，该公司又发明了减震球拍。研发人员用发泡的聚氨酯作为材料，进行了多次试验，终于制成了著名的减震球拍，产品畅销到欧美各国。减震球拍就是通过不断地优化球拍出现的种种缺点而诞生的。

二、组合创新法

组合创新法是一种以综合分析为基础，并按照一定的原理或规则对现有的事物或系统进行有效的组合，从而获得新事物、新系统的创新方法。组合创新法是一种非常常见的创新方法。目前，大多数的创新成果都是通过这种方法获得的。正如一位哲学家所说：组织得好的石头能成为建筑，组织得好的词语能成为漂亮的文章，组织得好的想象和激情能成为优美的诗篇。同样，发明创造也离不开现有技术、材料的组合。

组合创新法可分为同物组合和异物组合。同物组合就是将若干相同或相似的东西进行组合；异物组合就是将两种或两种以上的不同种类的事物进行组合。组合创新法几乎覆盖了人们日常生活的各个领域，具体有以下几种方法。

① 主体附加法。主体附加法是以某事物为主体，再添加另一附属事物，以实现组合创新的方法。主体附加法是一种创造性较弱的组合，只要稍加动脑和动手就能实现，只要附加物选择得当，同样可以产生巨大的效益。例如，无人驾驶汽车在汽车的基础上，增加了传感器、智能控制系统、移动互联网等，就形成了一种新型汽车。

② 异类组合法。异类组合法是将两种或两种以上的不同种类的事物组合，产生新事物的方法。例如，无人机与机械臂的结合（图2-2），形成了可以实现空中抓取物体的飞行设备。

图2-2　无人机与机械臂的异类组合

③ 同物自组法。同物自组法是将若干相同的事物进行组合的一种创新方法。同物组合的目的是在保持单一事物原有功能的前提下，通过数量的增加来弥补功能的不足或获取新的性能，从而产生新的价值。从哲学原理上讲，这是由量变引起质变的一种方法。例如，华为手机将两个摄像头组合起来，就形成了一款新的产品。再如，日本松下公司曾把原来人们使用的电源单头插座改为双头插座、三头插座等，获得了巨大成功。

④ 重组组合法。重组组合法是有目的地改变事物内部结构要素的次序，并按照新的方式进行重新组合，以促使事物的性能发生变化的创新方法。任何事物都可以看作是由若干要素构成的整体。各组成要素之间的有序结合，是确保事物整体功能和性能实现的必要条件。例如，企业各部门的重组，各个业务单元职能的整合，往往会给企业发展带来二次腾飞。田忌赛马的故事也可生动地说明重组组合法的创造思想。

三、移植创新法

移植创新法是将某个学科领域中已经发现的原理、技术、方法、结构、材料及其用途等移植、应用或渗透到其他学科和技术领域中去，为解决其他学科、技术领域中的疑难问题提供启示或帮助，从而得到新产品的一种创新方法。移植创新法的原理是将各种理论、技术进行转移而形成的创新，一般是把已成熟的成果转移、应用到新的领域，用来解决新的问题。因此，移植创新法是对现有成果在新情景下的延伸、拓展和再创造。

移植创新法的应用有三个必要条件：一是用常规方法难以找到理想的设计方案或解题设想，或者利用本专业领域的技术知识根本就无法找到出路；二是其他领域存在解决相似或相近问题的方式和方法；三是对移植结果能否保证系统整体的新颖性、先进性和实用性有一个估计或肯定的判断。

移植创新法可以从原理移植、技术移植、方法移植、结构移植、功能移植和材料移植等方面切入，发现与利用事物之间的相似性，以便形成联想。这是运用移植创新法的要领。

① 原理移植，即把某一学科中的科学原理应用于解决其他学科中的问题。例如，飞艇移植了"热空气上升"的原理。

② 技术移植，即把某一领域中的技术运用于解决其他领域中的问题。

③ 方法移植，即把某一学科、领域中的方法应用于解决其他学科、领域中的问题。

④ 结构移植，即将某种事物的结构形式或结构特征，部分或整体地运用于另外某种产品的设计与制造。

⑤ 功能移植，即设法用某一事物的某种功能解决另一事物所具有的某个问题。例如，新型保暖潜水服就是将海狸毛皮的保暖功能移植过来而设计的。

⑥ 材料移植，即把某一种新材料应用到不同的领域中，进而产生不同的创新。例如，用塑料、玻璃纤维取代钢材制造坦克的外壳，不但减轻了坦克的重量，而且具有躲避雷达的隐形功能。

在运用移植创新法时，一般有以下两种思路：一是成果推广型移植，即把现有科技成果向其他领域铺展延伸的移植，其关键是在搞清现有成果的原理、功能及使用范围的基础上，利用发散思维的方法寻找新载体；二是解决问题型移植，即从研究的问题出发，通过发散思维找到现有成果，通过移植使问题得到解决。防毒面具的发明便运用了移植创新法（见案例2-6）。

 案例2-6

防毒面具的发明

第一次世界大战时，德国军队向法国军队所隐藏的树林里放毒气，结果不仅人被毒死了，树林中的动物也都遭殃了。但奇怪的是，这一地区的野猪竟意外地生存了下来。战后，这件事引起了科学家的兴趣。

经过实地考察、仔细研究后终于发现，野猪碰到怪气味就会本能地把长鼻子埋进土壤里。于是，科学家猜测土壤可能防毒气。经过试验，证明土壤颗粒的确能吸附空气中其他物质，起到过滤作用。

于是，科学家想到可以运用土壤颗粒过滤空气的原理，发明一种防毒工具。经过努力，一种防毒面具被发明出来了。这种防毒面具制成野猪"面孔"的样子，前面有一个粗短的罐子，弯弯的，像野猪的嘴巴一样高高翘起来。罐子里的过滤物质换上了效果更好的活性炭颗粒。当毒气来袭的时候，有毒物质就被活性炭吸收了。

四、头脑风暴法

头脑风暴法（Brain Storming，BS），又称智力激励法或自由思考法（畅谈法、畅谈会、集思法）。头脑风暴法出自"头脑风暴"一词，是无限制的自由联想和讨论的代名词，其目的在于产生新观念或激发创新设想。头脑风暴法是让与会者打开思路，使各种设想在相互碰撞中激发大脑创造性地解决问题的方法。

头脑风暴法是一种集体开发创造性思维的方法，可分为直接头脑风暴和质疑头脑风暴。直接头脑风暴是在专家群体决策的基础上尽可能地激发创造性，产生尽可能多的设想的方法；质疑头脑风暴则是对前者提出的设想、方案逐一质疑，发现其现实可行性的方法。头脑风暴法力图通过一定的讨论程序与规则来保证创造性讨论的有效性，因此讨论程序构成了头脑风暴法有效实施的关键因素。从程序来说，组织头脑风暴法关键在于以下几个环节。

1. 确定议题

一个好的头脑风暴法从对问题的准确阐述开始。因此，必须在会前确定一个目标，使与会者明确通过这次会议需要解决什么问题，同时不要限制解决方案的范围。一般而言，比较具体的议题能使与会者较快产生设想，主持人也比较容易掌握进程；比较抽象和宏观的议题引发设想的时间较长，但设想的创造性也可能较强。

2. 会前准备

为了使头脑风暴畅谈会的效率较高、效果较好，可在会前做一点准备工作。如预先收集一些资料给大家参考，以便与会者了解与议题有关的背景材料和外界动态。就与会者而言，在开会之前对即将解决的问题一定要有所了解。同时，会场可作适当布置，座位排成圆环形往往比教室式的环境更为有利。

3. 确定人选

人数一般以8～12人为宜，也可略有增减（5～15人）。人数太少，不利于交流信息与激发思维；人数太多，则不容易掌握进程，并且每个人发言的机会相对减少，也会影响会场气氛。只有在特殊情况下，与会者的人数可不受上述限制。

4. 明确分工

要确定1名主持人，1～2名记录员。主持人的作用是在头脑风暴畅谈会开始时重申讨论的议题和纪律，在会议进程中启发引导，掌握讨论进程。如通报会议进展情况、归纳某些发言的核心内容、提出自己的设想、活跃会场气氛，或者让大家静下来认真思索片刻再组织下一个发言高潮等。记录员应将与会者的所有设想都及时进行编号，并作简要记录，最好写在黑板、大白纸等醒目处，让与会者能够看清楚。记录员也可以随时提出自己的设想，切忌持旁观态度。

5. 规定纪律

根据头脑风暴法的原则，可以规定几条纪律，要求与会者遵守。如要集中注意力积极投入，不消极旁观；不要私下议论，以免影响他人思考；发言要针对目标，开门见山，也不必作过多的解释。

6. 掌握时间

会议时间由主持人掌握。一般来说，以几十分钟为宜。时间太短与会者难以畅所欲言，太长则容易产生疲劳感，影响会议效果。经验表明，创造性较强的设想一般要在会议开始10～15分钟后逐渐产生。

五、模仿创新法

模仿创新法是一种通过模仿旧事物而创造出与其类似的事物的创造方法。从模仿的创造性程度而言，可分为机械式模仿、启发式模仿和突破式模仿三种。机械式模仿是把别人成功的经验和先进的生产方式直接吸收过来，很少进行改造或变动；启发式模仿是在其他事物的启发下完成一些创造；突破式模仿是指被模仿的东西发生了质的变化，而将其他事物进行创新后转换成自己的东西，这往往是一个全新的事物。

六、奥斯本检核表法

亚历克斯·奥斯本是美国创新技法和创新过程之父，著有世界上第一部创新学专著——《创造性想象》，并详细地阐明了奥斯本检核表法。

奥斯本检核表法是指根据需要研究的对象的特点列出有关问题，形成检核表，然后一个一个地来核对讨论，从而发掘出解决问题的大量设想。它引导人们根据检核项目的一条条思路来求解问题，以利于求得比较周密的解决方法。奥斯本检核表法以该方法的发明者奥斯本的名字来命名，并引导创新主体在创造过程中对照九个方面的问题进行思考，以便启迪思路，开拓思维想象的空间，促进人们产生新设想和新方案。这种方法主要涉及九大问题：能否他用、能否借用、能否改变、能否扩大、能否缩小、能否替代、能否调整、能否颠倒、能否组合。在众多创新方法中，这种方法的效果是比较理想的。由于效果突出，奥斯本检核表法被誉为"创造之母"，人们运用这种方法产生了很多杰出的创意和大量的发明创造。表2-1对九大问题作出具体说明。

表2-1　奥斯本检核表法九大问题

序号	核检项目	说明
1	能否他用	能否还有其他用途；保持不变能否扩大用途；稍加改变有无其他用途
2	能否借用	能否从别处得到启发；能否借用别处的经验和发明；过去有无类似的东西可供模仿；谁的东西可模仿；现有的发明能否引入其他的创造设想之中
3	能否改变	能否做某些改变；改变一下会怎样；可以改变一下形状、颜色、声音、味道吗；是否可以改变一下型号或运动形式等；改变之后，效果如何
4	能否扩大	能否扩大使用范围；能否增加使用功能；能否添加零部件；能否延长它的使用寿命；能否增加长度、厚度、强度、频率、速度、数量、价值
5	能否缩小	能否体积变小、长度变短、重量变轻、厚度变薄，以及拆分或省略某些部分（简单化）；能否浓缩化、省力化、方便化
6	能否替代	能否用其他材料、原件、方法、工艺、功能等来代替
7	能否调整	能否变换排列顺序、位置、时间、速度、计划、型号；内部元件能否交换
8	能否颠倒	能否正反颠倒、里外颠倒、目标手段颠倒等
9	能否组合	能否进行原理组合、材料组合、部件组合、形状组合、功能组合、目的组合

奥斯本检核表法进行创新活动的实施步骤分为三步：第一步要根据创新对象明确需要解决的问题；第二步根据需要解决的问题，参照表中列出的问题，运用丰富的想象力，强制性地逐个核对讨论，写出新设想；第三步要对新设想进行筛选，将最有价值和创新性的设想筛选出来。

当然，运用这种方法也需要注意一些事项，比如要联系实际一条一条地进行核检，不要有遗漏；多核检几遍效果会更好，或许会更准确地选择出需要创新、发明的方面；在核检每项内容时，要尽可能地发挥自己的想象力和联想力，产生更多的创造性设想；在进行检索思考时，也可以将每大类问题作为一种单独的创新方法来运用；核检方式可根据需要进行一人核检或多人共同核检。集体核检可以互相激励，产生头脑风暴，更有希望进行创新。

奥斯本检核表法的核心是改进，而且是通过变化进行改进。首先，选定一个要改进的产品或方案；其次，在选定的产品或方案的基础上，按照九大问题依次进行改进，由此产生大量的思路；最后，根据提出的各种思路，进行筛选和进一步的思考与完善，最终提出一个新的改进方案。

利用奥斯本检核表法，可以产生大量的原始思路和原始创意，对人们的发散思维具有很大的启发作用。该方法的优点很突出，使思考问题的角度具体化了。然而，它作为改进型的创意产生方法也有缺点，需要先选定一个有待改进的对象，才能在此基础上设法加以改进。虽然很多想法不是原创性的，但有时候也能产生原创性的创意。比如，把一个产品的原理引入另一个领域，就可能产生原创性的创意。从普通手机到智能手机，利用奥斯本检核表法能够很好地进行创新（见案例2-7）。

 案例 2-7

普通手机到智能手机的创新思路

以生活中常见的手机为例，介绍如何使用奥斯本检核表法来实现从普通手机到智能手机的创新跨越，如表 2-2 所示。

表2-2　普通手机到智能手机的创新思路

序号	检核项目	引出的发明
1	能否他用	其他用途：娱乐装置，定位装置
2	能否借用	增加功能：作为随身掌上电脑
3	能否改变	改变：去掉键盘
4	能否扩大	扩大：扩大屏幕，提高可视性
5	能否缩小	缩小：减轻重量，减小厚度
6	能否替代	替代：用指纹识别代替密码输入
7	能否调整	调整：摄像头能否360°旋转，用一个摄像头实现多方位拍摄
8	能否颠倒	反过来想：能否使用太阳能屏幕，实现太阳能充电
9	能否组合	与其他物品组合：手表手机、眼镜手机等

【小结】

创新是科技进步的第一动力，是国家和民族向前发展的动力源泉。一个民族要想走在时代前列，就不能没有创新思维，也不能停止理论与实践创新。因此，培养学生的创新思维，使其掌握一定的创新方法，对培养创新人才具有十分重要的意义。本章通过培养学生的创新思维和创新能力，促进学生的个性发展，让学生能够成为真正的创新型人才。通过应用创新方法，促使学生从新的角度看待、思考问题，进而产生一些新的发明创造。时代发展呼唤创新，创新已经成为世界主要国家发展战略的重心。在激烈的国际竞争中，唯创新者进，唯创新者强，唯创新者胜。

课后作业

一、连线题

生活中有许多组合创新的例子，请将下列例子与相应的组合创新类型进行连线。

实例	类型
沙发床	重组组合法
双头插座	主体附加法
走班制	同物自组法
无人驾驶汽车	异类组合法

二、应用题

运用本节所学的创新方法，设计一个创意产品。可以用文字说明，也可以画图说明。

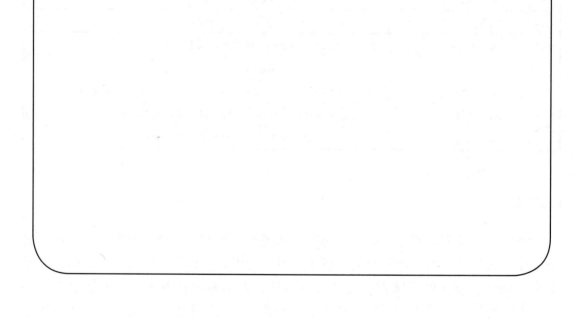

第三章　思维导图与六顶思考帽

内容要点

思维工具是指那些能有效影响思维抽象活动、提高思维效能、延伸思维深度，把抽象思维过程具体可视化的一类方法技能的总称。常见的思维工具有思维导图、SWOT矩阵、5W1H、九宫图、鱼骨图、流程图和六顶思考帽等。本章将介绍思维导图和六顶思考帽这两种实用的思维工具，帮助同学们解决学习中遇到的一些问题，把复杂问题简单化、简单问题明了化，从而提高学习效率。

知识体系

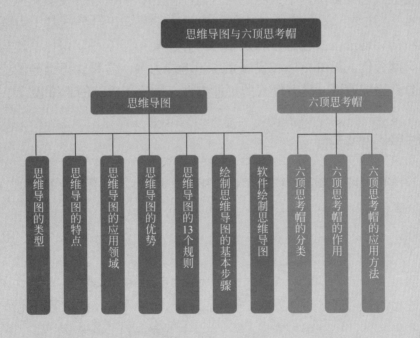

第一节　思维导图

思维导图是英国学者东尼·博赞（Tony Buzan）在20世纪70年代初期创立的一种新型笔记方法。思维导图又叫心智导图，是表达发散性思维的有效图形思维工具，简单却很有效，是一种实用性的思维工具。

思维导图通过图文并重的形式，把各级主题的关系用相互隶属与相关的层级关系表现出来，在主题关键词与图像、颜色等之间建立记忆链接，充分利用左右脑的机能，把握记忆、阅读和思维的规律，协助人们在科学与艺术、逻辑与想象之间平衡发展，从而开启人类大脑的无限潜能。因此，思维导图具有促进人类思维的强大功能。

一、思维导图的类型

目前流行的有两种思维导图，即随机联想发散式思维导图和学科式思维导图。随机联想发散式思维导图基于大脑的自由联想机制，随机进行发散思考，即"想到什么画什么"，主要用于头脑风暴或创意设计。学科式思维导图基于大脑的分层分类机制，结构化地进行发散思考和逻辑思考，主要用于学科知识体系建构，包括知识归纳、问题分析、思维拓展和发展系统思考能力等。学科式思维导图梳理知识比较全面，分类逐层递进，具有极大的可伸缩性，顺应了大脑的思维模式。

二、思维导图的特点

思维导图在表现形式上呈树状结构（图3-1），一般具有以下特点。

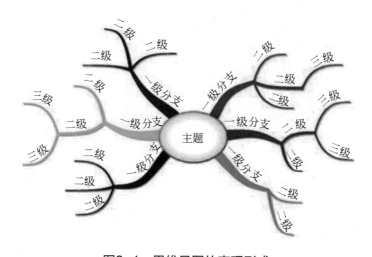

图3-1　思维导图的表现形式

① 类似于大脑神经元网络分布的图形，让大脑掌握整体与内在的联系，同时促使一个深刻的想法快速地产生。

② 使用了大脑喜欢的思考方式，是多色彩的思考。

③ 强调左右脑的协调合作，在清晰整理自己思维的过程中，尽量多使用形象的图形和容易辨识的符号，越生动越好。

④ 强调以立体的方式思考，将彼此间的关系显示出来。

⑤ 具有强烈的个人色彩，在基本原则相同的前提下，每个人绘制的思维导图具有强烈的个人风格。

三、思维导图的应用领域

思维导图是一个不断发展与完善的工具，自诞生以来被广泛应用于学习、工作、生活的各个方面。在制订计划、管理项目、组织活动、分析问题、撰写论文、准备演讲等的过程中，都可以运用思维导图，如读书笔记（图3-2）、今日计划（图3-3）等。

作为个人，可以将其应用在制订计划、项目管理、分析和解决问题等方面；作为学习者，可以将其应用在记忆、做笔记、写报告、写论文、做演讲、考试、思考、集中注意力等方面；作为职业人士，可以将其应用在计划、沟通、项目管理、组织、会议、培训、谈判、面试、评估、头脑风暴等方面。

所有的这些应用都可以极大地提高人们的工作效率，增强创新思维的有效性和准确性。

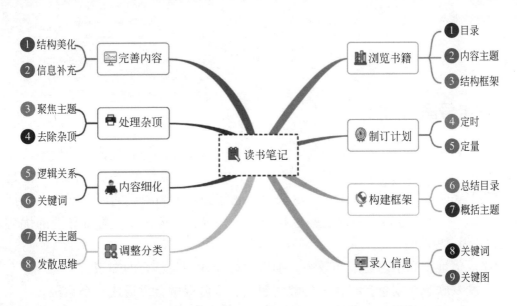

图3-2　读书笔记

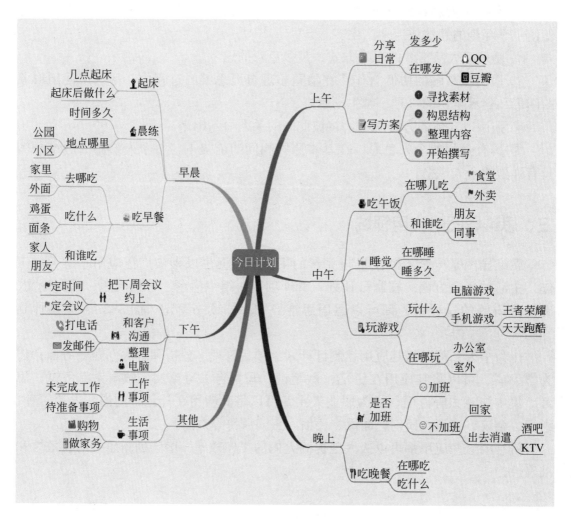

图3-3　今日计划

四、思维导图的优势

思维导图带来的学习能力和清晰的思维方式的转变，能够改善人的诸多行为和工作习惯，如思维导图在设计波音747飞机时的运用（见案例3-1）。思维导图是挖掘大脑潜能的强有力的图解工具，尽快掌握它能激发大脑皮质的所有智能，包括词语、图像、数字、逻辑、韵律、颜色和空间感知等。具体来说，思维导图的优势表现在以下几个方面。

① 成倍地提高学习速度和效率，加快学习新知识与整合旧知识。

② 激发联想与创意，将各种零散的想法、资源等融会贯通成一个系统。

③ 形成系统的学习和思维的习惯，使人们达到众多的目标，包括快速记笔记、顺利通过考试、轻松地表达与沟通、演讲、写作和管理等。

④ 具有强大的学习能力，可以向喜欢的优秀人物学习，并超越偶像和对手。

⑤ 运用于生活的各个方面，帮助自己更有效地学习，更清晰地思考，让大脑的表现最佳。

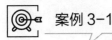

思维导图的应用

美国波音公司在设计波音 747 飞机的时候就使用了思维导图。据称，如果使用普通的方法，设计波音 747 这样一个大型的项目要花费 6 年的时间。但是，通过使用思维导图，他们的工程师只使用了 6 个月的时间就完成了波音 747 的设计，并节省了一千万美元。通过这一应用，可见思维导图的惊人威力。图 3-4 为波音公司的思维导图墙。

图3-4　波音公司的思维导图墙

五、思维导图的 13 个规则

绘制思维导图时，需要遵循以下 13 个规则。

① 空白纸张横放，从中央开始写上主题，线条呈现放射状。主题要用关键词或关键句的方式来填写。主题一定要具体，越明确越好，这样才能让大脑聚焦，不可以太笼统。主题就像是一颗种子，主题定得好，这张类似大树的树枝一样呈放射状无限延伸的思维导图就会长得好。主题可以写在一个框框中，可以用随意的线条构成的框来代表，也可以用一张图片来代表，最好不是方框或圆框，因为这种框太死板。

② 主脉由粗到细，关键词要写在线条的上方。从中心延伸出的主干称为"主脉"，从主脉延伸出去的分支不管属于第几个层次，通称为"支脉"。主脉或支脉上方的文字，最好保持同一水平方向，这样方便眼睛快速阅读。

③ 同一主题脉络，从头到尾都只能用同一种颜色。思维导图是用"脉络"（或是说概念）分颜色，同一主题的脉络保持一种颜色，而不是用"层次"分颜色。

④ 主要概念离主题越近，次要概念离主题越远。

⑤ 一个线段上只能放一个关键词或关键图。

⑥ 线条用来呈现关键词之间的逻辑关系。

⑦ 关键词是浓缩后的结果，挑选关键词要符合自己的需要，不要直接照抄、照搬。若不能浓缩成关键词，请放关键句，而不是照抄整句话。

⑧ 放射状排列较易刺激水平思考。

⑨ 多彩多姿的颜色，可提升 60% 的记忆效果。

⑩ 使用条列式排列布局组织节点之间的层次关系。即一级节点的线条粗细、字号大小要保持一致；二级节点的字号要缩小一些、线条变细一些。在排列层次上，同等级别的节点在二维空间上形成线性排列，如处在同一条直线上，或者处在同一个圆环上。

⑪ 不要把关键词圈起来，也不要使用曲线把主脉圈起来。

⑫ 同一条主脉上线条之间的联系不能中断。

⑬ 不管主脉或支脉，分支都要简洁不杂乱。

六、绘制思维导图的基本步骤

绘制思维导图的过程就是定义和拆解问题的过程，每一个新层级的出现都是在回答上一个层级提出的问题。用思维导图解决问题只需要三步：第一步，找出中心问题，即确认中心点；第二步，拆解问题，即将问题分解成二级分支；第三步，尝试回答被拆解的问题，即扩展分支。在反复循环的过程中不断进行思维发散，直到找到解决问题的思路和方法。恰当地绘制思维导图可以将大脑中的思维完整地融合到思维导图中。

绘制思维导图需要准备空白纸和彩色笔。一般而言，手绘思维导图有以下五个步骤。

步骤一，画主题。一幅思维导图只有一个主题，画主题是思维导图的第一步，也是十分关键的一步。

步骤二，找各级分支的关键词。主题画完了，接下来就该确定思维导图的分支了。确定分支要找关键词，无论是直接与思维导图主题相连的一级分支，还是与一级分支相连的下级分支，都是由关键词组成的。

步骤三，理分支。寻找关键词只是确定思维导图分支的第一个步骤，还需要做进一步的整理，才能梳理出思维导图各级的详细分支。

步骤四，画图。图像是思维导图的组成要素中必不可少的一个部分。画图的过程既是利用左右脑的过程，也是最大化强化认知、了解和记忆的过程。使用图标标记便于对关键词进行筛选，也会延长思考的时间，有助于思考问题。

步骤五，上色。这是画龙点睛的一个步骤。上色前后思维导图的变化就像是表演魔术一样，是诞生奇迹的时刻。绝不要忽视颜色对视觉和大脑的冲击力，它产生的效果会远远超出我们的想象。

绘制思维导图的具体步骤，可以参考以下案例进行体验（见案例 3-2）。

案例 3-2

手绘"水果"思维导图

请按照以下要求,一起来绘制思维导图吧!

准备材料:一张白纸、一些彩笔和铅笔。

第一步,在纸中间写出中心词"水果"。拿出一张白纸和一些彩笔。把这张纸横放过来,这样宽度大一些。在纸的中心画出能够代表心目中的"水果"的图像。使用彩笔,尽可能地任意发挥。现在,给这幅图贴上"水果"的标签。

第二步,找关键词。如看到水果后,可以想到"苹果""橘子""樱桃""菠萝""香蕉"等。

第三步,根据关键词理出分支。从"水果"这个中心词开始,画一些向四周放射出来的粗线条,每一条线都使用不同的颜色。这些分支代表关于"水果"的主要想法。在绘制思维导图的时候,可以添加无数条线。因为现在只是在练习,所以把分支数量限制在五个以内。

第四步,标关键词和画图。在每一个分支上,用大号的字清楚地标上关键词"苹果""橘子""樱桃""菠萝""香蕉",同时画上相应的图像。这样,当想到"水果"一词时,一系列关键词立刻会从大脑里跳出来。如此不断地进行细分,可以使思维更发散。比如,在以"苹果"为关键词的分支上,联想到它可以作为"馅饼"的原料;经常吃苹果可以提高身体的免疫力,"让医生走开";有可能想到与西方神话有关的"夏娃"等。

第五步,上色。将每个分支的线条用同一种颜色的彩笔进行上色,以清晰地展现不同分支的层次结构。

此时此刻,由线、关键词、图像组成的"水果"思维导图(图 3-5)就基本上

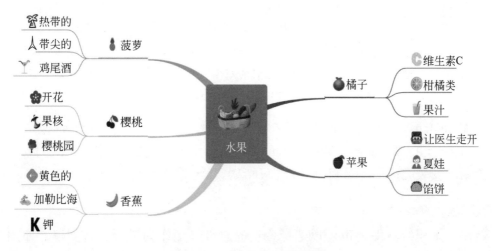

图 3-5 "水果"思维导图

绘制完成了。

在此基础上，可以用联想思维进一步扩展这幅思维导图，回到刚才绘制的思维导图，看看在每一个主要分支上所写的关键词。通过这些词能够想到更多的词，例如写下了"橘子"这个词，会想到果汁、柑橘类水果、维生素C等。根据联想到的事物，从每一个关键词上发散出更多的分支。分支的数量取决于所想到的事物的数量，可以有无数个。如此，用上一级的关键词来不断触发灵感，就可以产生更丰富的联想。此时，思维导图里填满了符号、代码、线条、词语、颜色和图像，这些都能不断促进大脑更高效、更愉快的工作。

七、软件绘制思维导图

为适应社会快速发展的需要，思维导图的绘制方法也呈现出多样化的形态。早期的思维导图，皆需要使用笔和纸进行绘制。由于该方式不太便捷，便出现了更多、更高效的电子式绘制方式。例如，当下流行的计算机思维导图，就是通过计算机软件来协助绘图，主要的计算机绘制软件有 MindManager、XMind、FreeMind 和 MindMapper 等。结合大脑的思维过程，运用软件进行可视化的展示，就是思维导图形成的过程。图 3-6 为 MindManager 绘制思维导图的示意图。

图3-6　MindManager 绘制思维导图示意图

以 MindManager 为例，前往中文官网下载并安装，只需 3 分钟即可完成。MindManager 支持 Windows、Mac 和 Linux 的操作系统，对电脑配置要求不高，运行稳定流畅。安装完成后即可打开软件，开启思维导图绘图模式。

1. 新建主题

新建一个思维导图，也可以选择合适的思维导图作为模板进行创建，如图 3-7 所示。

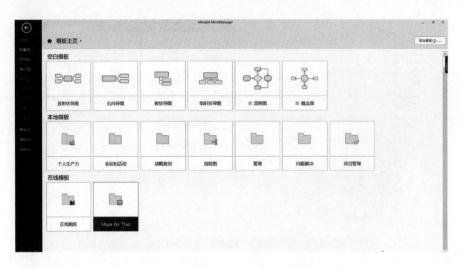

图3-7　MindManager 新建主题

2. 编辑思维导图

　　思维导图的内容主要分为两个部分，一部分是文字，另一部分是排版。首先要完善思维导图的内容，通过选定的模板可以轻松地编辑内容。其次需要对思维导图进行排版，该步骤也是对思维导图进行美化的过程。在 MindManager 思维导图软件中，内置了丰富的编辑功能，使用者可以对思维导图的字体、线条、背景等进行自定义设置，如图 3-8 所示。

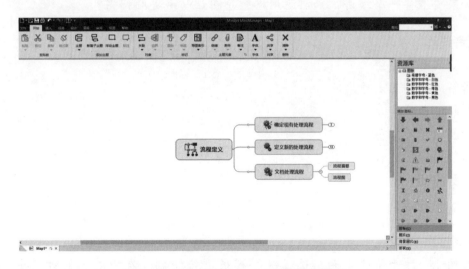

图3-8　MindManager 编辑思维导图

3. 保存思维导图

　　绘制完成的思维导图作品，需要及时保存。该软件支持 pdf、jpg、word、ppt、html 等多种保存格式，如图 3-9 所示。

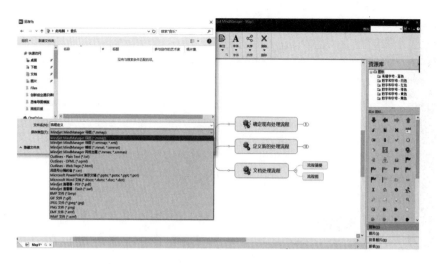

图3-9　MindManager 保存思维导图

为了更好地运用软件绘制思维导图，可以学习一下应用于演讲的思维导图绘制过程（见案例3-3）。

 案例 3-3

应用于演讲的思维导图

如果要准备一个演讲，如何运用思维导图让演讲更顺畅呢？

1. 思考过程

中心问题：演讲

拆解问题：基本信息

拆解问题：听众

拆解问题：准备

拆解问题：过程

拆解问题：结束

……

2. 画图过程

画图1：打开新建页面，选择一个模板进行绘制。在中心图的方框中，写上"演讲"（图3-10），明确中心问题。

演讲

图3-10　中心问题"演讲"

思考1：要想做好演讲，应该考虑哪些方面呢？

画图2：从几个维度进行思考，在中心方框四周增加一级分支，写上各个维度的名称（图3-11），如基本信息、听众、准备、过程、结束。

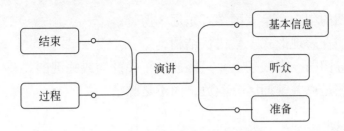

图3-11 关于"演讲"的各维度名称

思考2：每个分支上的维度具体包括哪些内容？

画图3：在二级分支上添加每个维度包含的内容（图3-12）。

思考3：每个二级分支上的维度包括哪些内容呢？

画图4：在三级分支上写明每一项的具体内容。

思考4：能否再继续细分其具体内容？

……

通过上述过程，就绘制完成了关于演讲的整体性思维导图。根据以上绘制思维导图的过程，可以举一反三，将思维导图运用到自己的学习、工作和生活中。

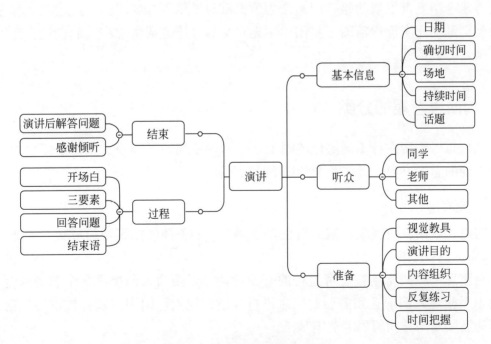

图3-12 各维度的具体内容

> 课后作业

一、判断题

1. 思维导图的创立者是美国学者东尼·博赞。（　　）
2. 思维导图在表现形式上呈树状结构。（　　）
3. 在思维导图的一根线条上，只能放一个关键词或关键图。（　　）
4. 思维导图是以关键词区分颜色，而不是脉络。（　　）

二、制订学习计划

学习是进步的阶梯，有计划的学习会更好地带着你前行。用思维导图制订出自己下一周的学习计划。

第二节　六顶思考帽

六顶思考帽是英国学者爱德华·德·波诺（Edward de Bono）开发的一种思维训练模式，或者说是一个全面思考问题的模型。六顶思考帽提供了"平行思维"的工具，避免将时间浪费在互相争执上，强调"能够成为什么"，而非"本身是什么"，不断寻求一条向前发展的路，而不会为争论谁对谁错而喋喋不休。运用六顶思考帽将会使混乱的思考变得清晰，将团体中无意义的争论变成集思广益的创造，使每个人变得富有创造性。

一、六顶思考帽的分类

六顶思考帽用六种不同颜色的帽子代表六种不同的思维模式，每个颜色的帽子代表不同的思考方向，具体类型如图3-13所示。

1. 白色思考帽

白色代表中立而客观。戴上白色思考帽，人们关注的是客观的事实、数据、信息等。

白色思考帽通常用在思考过程的开始阶段，以便为人们提供一个思考的背景。白色思考帽对人们缺乏和需要的信息进行描述，为人们阐明问题并提供参考依据，从而为后续不同方向的思考奠定基础。

2. 绿色思考帽

绿色代表茵茵芳草，象征勃勃生机。绿色思考帽寓意着创造力和想象力，具有创造性思考、头脑风暴、求异思维等功能。

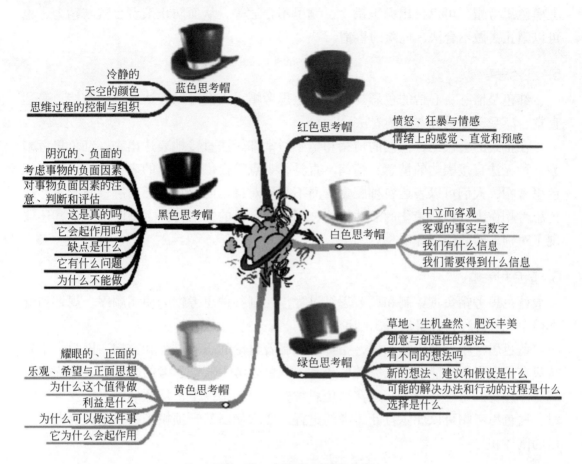

图3-13 六顶思考帽的分类

绿色思考帽促使人们提出新想法。在绿色思考帽的思考过程中，可以提出各种可能的想法，包括原有的和新产生的想法。

3. 黄色思考帽

黄色代表价值与肯定。戴上黄色思考帽，人们从正面考虑问题，表达乐观的、满怀希望的、建设性的观点。

黄色思考帽专注于事物积极的一面，重点在于探寻事物的价值和利益，寻求类似于安全、稳定、乐观的期望，然后再努力地寻找合理的证明，从而让人们努力去寻找任何一项建议可能带来的利益。

4. 黑色思考帽

戴上黑色思考帽，人们可以提出否定、怀疑、质疑的看法，进行合乎逻辑的批判，尽情地发表负面的意见，找出逻辑上的错误。

黑色思考帽强调谨慎，不经过谨慎思考就贸然行动是很危险的。在思考阶段，人们需要考虑风险、危险、阻碍、潜在的问题，以及任何一项建议的负面因素。戴上黑色思考帽，可以指出哪里错了、哪里不合适等，从而防止浪费金钱与精力，也可以阻止去做不合法、危险的事情。

5. 红色思考帽

红色是情感、心情的色彩。戴上红色思考帽，人们可以表达自己的情绪，表达直觉、感受、预感等方面的看法。

在正式的会议上，人们的情绪和情感通常都无法直接地表达出来。红色思考帽为这种无法直接表达的情感、情绪、直觉、观点等提供了专门的表达通道。戴上红色思考帽，人们可以表达各种感觉，而不需要对自己的感觉做任何解释与修正。红色思考帽作为一种情绪化的表达模式，不仅使自己的情绪得到了适时的表达，还体现了对别人的礼貌和尊重。

6. 蓝色思考帽

蓝色思考帽负责控制和调节思维过程，控制各种思考帽的使用顺序，规划和管理整个思考过程，并最后得出结论。

蓝色思考帽就像乐队指挥，指挥或控制着讨论的思考过程和方向，因为一个乐队只有拥有指挥才能演奏出完美的乐章。蓝色思考帽监督思考的全过程，并确保游戏有序进行。每位参与者必须在蓝色思考帽的统一指挥下，按照规则组织发言。同时，蓝色思考帽可以偶尔打断思考的过程，要求使用某一顶帽子，并要负责进行最后的阐述和总结。

二、六顶思考帽的作用

六顶思考帽是一种"平行思维"的工具，也是人际沟通的操作框架，更是提高团队能力的有效方法。该思维工具强调了一个非常简单的概念，就是只允许参与者在同一时间内做一件事情。因此，参与者要学会将逻辑与情感、创造与信息等区分开来。

六顶思考帽是一个操作简单、经过反复验证的思维工具，给人以热情、勇气和创造力，让每一次会议、每一次讨论、每一份报告、每一个决策都充满新意和生命力。这个工具能够帮助人们：提出建设性的观点；用心聆听别人的观点；从不同角度思考同一个问题，从而创造出高效能的解决方案；用"平行思维"取代批判式思维和垂直思维；提高团队成员集思广益的能力。

三、六顶思考帽的应用方法

六顶思考帽从不同角度去思考问题、分析问题，从而得出相对理性的判断。在使用过程中，六项思考帽没有绝对正确的使用序列，有些帽子在序列中也可多次使用或不使用。不同颜色的帽子在使用时有自己的应用方法。

1. 陈述问题事实——白帽

   白色思考帽作为思考的第一步，也是基础和关键的一步，一般要中立且客观地陈述事实和信息，并尽量提供科学的定量数据以增强参与者对信息的把握。在这一思维模式下，主要陈述三个方面的事实：现在有什么事实或数据；还缺少什么方面的事实或数据；获得所需信息的渠道。

2. 提出解决问题的建议——绿帽

   绿色思考帽的关键在于提出多种假设、新的想法或建议，不以逻辑性为基础，体现了水平思维的创造性。绿色思考帽主要从以下几个方面进行思考：还可以有什么方法；还能做其他什么事；什么事有可能被忽略；这个方法可以克服眼前的什么困难。

   在不断地发现和修改现存方法中，去寻求新的备选方案，为创造力的尝试提供可能的时间和空间。

3. 评估建议的优缺点——黄帽列举优点，黑帽列举缺点

   评估建议包含黄色思考帽与黑色思考帽两个过程，二者需要对绿色思考帽所提出的各个建议进行优缺点评估，并给出相应的支持或否定的逻辑理由。

   黄色思考帽侧重于考察利益和价值，能够带来积极正面的影响和作用。通过思考和回答"优点是什么"或"利益是什么"，为一个有价值的或者可行的主意找出支持的理由，黄色思考帽不仅能做到深思熟虑，还强化了创造性方法和新的思维方向。一般思考如下几个方面：这个建议的积极因素有什么；这个建议的优点是什么；这个建议有哪方面的价值；这个建议特别吸引人的地方是什么；这个建议可带来什么利益。

   黑色思考帽具有检查功能，主要进行逻辑上的否定，可以用它来检查证据、逻辑、可能性、影响、适用性和缺点等，从而发现缺点，对建议做出评价。在这个思考方向上，只需要考虑以下两个方面的问题：这个建议有什么错误；这个建议可能的结果或后果是什么。

4. 对各项选择方案进行直觉判断——红帽

   红色思考帽是指对某件事或某种观点的预感、直觉，是完全主观、有偏好、带有强烈感情色彩的思维。它既不像白色思考帽那样进行事实叙述，也不像黄色和黑色思考帽那样进行逻辑思考。红色思考帽就像一面镜子，反射一切主观感受。由于无须给出证明、理由和依据，使用红色思考帽时，仅需如实且快速（一般思考时间限制在 30 秒内）地回答出"我对此感觉非常棒""我喜欢……""我不同意……"

等的判断即可。

5. 总结陈述，得出方案——蓝帽

蓝色思考帽是"控制帽"，掌握思维过程本身，被视为"过程控制"。一般在思维的开始、中间和结束时，用蓝色思考帽来分别定义目的、制订思维计划、观察，以及做出结论并决定下一步如何实施等。使用时，需要根据研讨进度思考下列问题：决策议程怎么安排；思考帽如何更有效地进行排序；现在使用哪一种颜色的帽子（进行到哪一步了）；如何总结现有的讨论；最终决定如何做。

如何更好地运用六顶思考帽进行创新，可以参考以下案例（见案例3-4）。

 案例3-4

解决办公室电脑运行缓慢的问题

某公司办公室的电脑运行速度慢，严重影响了工作效率。针对这个问题，领导打算组织各部门相关人员召开一次会议，重点解决办公室电脑速度缓慢的问题，从而提高工作效率。

1. 思维工具：六顶思考帽

2. 会议过程

蓝帽：目前办公用电脑存在年限长、速度慢等问题。本次会议讨论解决这些问题的方案，先由白帽来介绍情况。

白帽：

①随着软件的增多，占用的存储空间变大，当前就要上的AD域，部分设备将不能满足（要求≥4G）。

②设备更新周期大于3年，且实际的情况是只能更新三分之一的设备。

蓝帽：大家出出主意，怎么办？

绿帽：

①根据设备折旧情况，是否可以调整设备折旧的期限。

②是否可以用笔记本电脑代替台式电脑。

③采取策略，每半年重装一次软件。

④另外加装一个硬盘，将OS装到这个新设备上。

⑤采用虚拟化。

⑥对人群进行分类，对发放策略进行调整。

⑦采用新软件节省内存。

黑帽：现在的预算不够更换为笔记本电脑。

蓝帽：黑帽先停下，请黄帽讨论这些方案的可行性。
黄帽：
① 已进入新时代，笔记本电脑是应该普及的设备，且更换设备端的配置能很好地满足需求。
② 配置升级，先保留旧电脑。
③ 改善软硬件是最常用的方法，已在其他单位应用，效果不错。
蓝帽：现在讨论以上方法的局限性。
黑帽：
① 更换设备资金不足，不能满足需求；财务制度变革时间长。
② 目前使用统一软件，其在台式电脑上不能使用。
③ 软件重装人员达到数百人，耗费时间太长。
蓝帽：那么从目前看，解决方案主要集中在配置升级和调整配置的策略上，体现在四个方面：第一，梯次更新；第二，大部分员工利用硬件升级（加内存、硬盘），延长使用寿命并节约成本；第三，定期重装OS和应用软件（如一年左右）；第四，把少量更新换代的机会给更需要提高计算速度的员工。
根据这几个方面，大家用红帽举手表决一下优先顺序。
红帽：表决顺序如下。
① 把少量更新换代的机会给更需要提高计算速度的员工。
② 大部分员工利用硬件升级（加内存、硬盘），延长使用寿命并节约成本。
③ 定期重装OS和应用软件（如一年左右）。
④ 梯次更新。
蓝帽：本次会议经充分讨论，解决了员工疑问，找出了切实可行的具有可操作性的方法。即通过配置升级和调整配置的方案，解决办公室个人电脑速度缓慢的问题。研讨顺利结束，谢谢大家。

3. 案例分析

这是成功利用六顶思考帽的方法来探讨和改进工作问题的优秀经典案例。在这个案例讨论中主持人（蓝帽）发挥了积极的作用，在统筹、引导、总结等方面的做法恰当。首先，在序列的选择上非常得当，使得会议简捷有效；其次，在会议中及时纠正不当的发言（如打断黑帽思考），保证了思维的连续；最后，其结论很有使用价值。同时，参与讨论的人员在几个重点问题上的讨论非常充分，体现了使用六顶思考帽这一工具的优越性，使得白帽的数据很详细，绿帽的发散思维很丰富，黄帽和黑帽讨论充分，值得借鉴。

【小结】

传统单调的线性文字阻碍了人们对知识的获取与管理效率的提高。知道如何去学习比掌握知识更重要。思维工具借助一定的步骤和程序，帮助人们有效地提高能力，提高思维的广度、深度、准确度与清晰度，在必要时打破已有的固化思维，形成全新的思维。通过运用思维导图、六顶思考帽等思维工具，引导学生学会思考、学会学习，从而持续提升学生的思维能力，实现学习效能倍增。

课后作业

一、判断题

1. 六顶思考帽的创立者是英国学者爱德华·德·波诺。（ ）
2. 六顶思考帽是一种垂直方向思考的创新工具。（ ）
3. 在使用六顶思考帽时，一种颜色的思考帽在同一时间内只允许做一件事。
（ ）

二、思考题

总结六顶思考帽中不同颜色的帽子代表的思考方向（可以用语言进行描述，也可以画思维导图进行说明）。

第四章　创业意识和创业精神

内容要点

本章主要围绕创业意识和创业精神展开，第一部分介绍创业意识，主要包括创业意识的内涵、要素和内容；第二部分介绍创业精神，主要包括创业精神的内涵、本质、特征、来源和培养途径。本章采用案例导入的方式使理论与实践相结合，主要目标是潜移默化地培养中职生的创业意识和创业精神。

知识体系

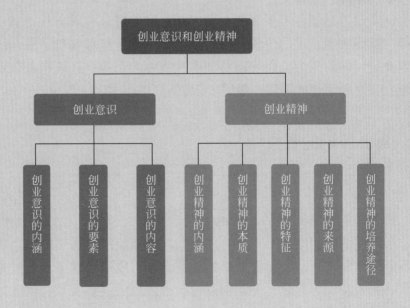

第一节 创业意识

案例导入

制作棒棒糖年销1500万元

一、创业意识的内涵

创业意识是创业者在创业过程中对创业行为起到驱动作用的意识活动。意识是人脑对客观事物的主观反映,是人脑对所见所闻形成的认识集合。意识以思维为核心,经过思维后形成概念和理论系统,是个体行为的一种内在驱动力,具有明确的目的性、方向性和能动性。创业意识体现着创业者对创业行为的认知水平,决定着创业的态度和行为,影响着创业的成功和失败,其贯穿在创业的全过程中,与创业的每步决策都息息相关。

创业意识是创业者重要的个性因素,能促进创业者抓住机遇、应对风险、奋力拼搏,最终实现自己的价值。同时,创业意识也能促使创业者与同伴合作,共同承担创业过程中的压力,正确面对创业过程中的艰难,还能指导创业者提升解决问题的能力和克服困难的勇气,最终实现创业目标。

二、创业意识的要素

1. 创业需要

需要是指个体对内外环境的客观需求在人脑中的反映。需要总是指向某种东西、条件或活动的结果等,具有周期性,并随着满足需要的具体内容和方式的改变而不断变化和发展。创业需要是指创业者在对现有条件不满足的情况下,产生的新需求。创业意识的形成,源于创业者一种强烈的内在需求。创业需要是创业实践活动能够展开的最初诱因和最初动力。

2. 创业动机

创业动机是指创业者从事创业实践活动的内在心理过程或内部动力。创业动机是一种成就动机,是竭力追求最佳效果和优异成绩的动因。有了创业动机,才会有创业行为。

3. 创业兴趣

创业兴趣是指创业者从事创业实践活动的情绪和态度的认识指向性。创业兴趣能激活创业者的深厚情感和坚强意志。爱因斯坦曾说过:"我认为对于一切情况,只有'热爱'才是最好的老师。"创业同样也是,只有热爱创业,才会在创业之路上坚持不懈、勇往直前。

4. 创业理想

创业理想是指创业者根据创业实践活动的未来奋斗目标而形成的较为稳定、持续的向往和追求的心理品质。创业理想属于人生理想的一部分,主要是一种职业理想和事业理想。创业理想是创业意识的核心,只有拥有坚定的创业理想,才能为实现理想而奋斗。例如,陈继芳的创业理想是做上市公司的CEO(见案例4-1),这一信念促使她不断走向创业成功。

 案例 4-1

陈继芳:我的理想是做上市公司的CEO

小丫是陈继芳的小名,她清楚地记得上中学时写过一篇文章《我的十年后》,她写自己的理想是成为上市公司的董事长。由于父亲经常忙于种水稻来解决吃饭的问题,小丫从小耳濡目染,坚定地要实现自己的理想。

实现理想的路,是一段不怕吃苦也不怕孤独的旅程。大学毕业后,义乌成为小丫创业的第一站。因为家离义乌不远,她从小就知道"在义乌,树上的鸟儿一天都能挣几十块钱"的谚语。小丫带着三千元创业基金只身一人来到了义乌,开始为成为"上市公司的CEO"积累工作经验。心怀梦想,再苦的路都要勇往直前。初到义乌,她从卖麻辣烫的小吃店做起,再到开办饰品加工厂,高峰时期厂里有400人,她在当时已经成为年轻员工的偶像。她参加了首届义乌青年创业大赛,善于经营的她找准了电商这个窗口,实战环节中用一千元启动基金在7天的时间内赚到了近一万元,成为当年比赛的冠军。

自此之后,小丫与电商结下了不解的缘分。为了实现梦想,她满怀激情、无所畏惧,走过十几年的风雨创业路。现在小丫已是新光集团垂直产业互联网平台企业聚童云的CEO,实现了自己儿时的梦想。她说:"心里有个创业梦,不断地去尝试新的领域,看准一件事就要尽力去做,我相信只要有坚定的信念一定是可以做出成绩来的。"

三、创业意识的内容

1. 竞争意识

市场经济充满各种竞争,这是一个无法回避的现实问题。在现代快速发展的社会中，竞争意识是个人、团体乃至国家发展过程中不可缺少的一种品质。有竞争的社会才会有活力，世界才会发展得更快。竞争能使人精神振奋、努力进取、奋发图强，实现自己的理想。在有竞争的群体里，个人会取得更好的成绩，快速提升自身的水平。当然，竞争不应是狭隘的、自私的，更不能充斥着阴险和狡诈。因此，在创业过程中，创业者必须有竞争意识，随时应对袭面而来的竞争，并奋发图强，争取创造更辉煌的事业。例如，格力空调在创业过程中，面对激烈的市场竞争，不断增强竞争意识，让自己的品牌一直处于国际领先地位（见案例4-2）。

 案例 4-2

格力空调的市场竞争

格力作为一家专注于空调产品的大型电器制造商，致力于为全球消费者提供技术领先、品质卓越的空调产品。从1991年企业成立开始，格力持续多年专注于空调领域，致力于技术创新，将体系建设作为企业立足市场竞争之本。多年来，格力建成了行业内独一无二的技术研发体系，组建了一支包括外国专家在内的5000多名专业人员的研发队伍，成立了制冷技术研究院、机电技术研究院和家电技术研究院3个基础性研究机构，拥有多个国家实验室。

格力具有强烈的市场竞争意识，注重掌握核心科技的自主创新工程体系建设，重视人才培养和技术创新。在人才培养方面，格力在企业内实施全员培养、全员激励的举措，为员工提供良好的发展平台，让年轻人不断成长，将创新意识融入每个员工心中，营造了全新的创新氛围。在技术创新方面，据统计，格力在国内外累计拥有专利超过6000项，其中发明专利1300多项，是我国空调行业中拥有专利技术最多的企业，曾获得国家级科技进步二等奖的殊荣。显然，格力在行业的技术积累与创新，是最终能够在国内乃至全球市场上形成竞争力的关键所在。

2. 责任意识

责任是使命的召唤、能力的体现、制度的执行。强烈的责任意识，能够使创业过程中遇到的困难变成前进的动力，更会使人积极地面对创业。俄国作家列夫·托尔斯泰说："一个人若是没有热情，他将一事无成，而热情的基点正是责任心。"创业者要将责任植根于内心，外化于行动。责任意识具象于人们工作中的一些细小的事情上。因此创业者在面对创业中的各种状况时，也要勇于承担责任。只有敢于承担责任、善于承担责任的人才是值得信赖的人。例如，海尔员工在发现多出的螺丝钉时所表现出来的责任感（见案例4-3）。

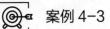 案例 4-3

一颗螺丝钉折射出的责任意识

海尔电器的每个配件，哪怕是一根门封条、一颗螺丝钉、一块玻璃都有相应的责任人。

某天安装完毕后，一个工人发现地上多了一颗螺丝钉。此时，工人们没有下班，他们将已经安装好的 100 多台冰箱，一一拆开重新检查，不放过每个细节，直到深夜才回家。检查结果发现，每台冰箱都没有少螺丝钉，而是仓库保管员在出库时多数了一颗而造成了失误。

3. 整合意识

创业需要多方面的资源，包括信息资源、人力资源、财力资源和物力资源等。这些资源是创业不可或缺的基石，要善于将各方面的资源进行整合。创业资源整合是寻找并有效利用各种创业资源的过程。创业者在创业实践活动中要时时发现有利的创业资源，用高效的方式来配置、开发和使用这些资源，才能保证创业能够不断地向前走。

4. 勤奋意识

在创业过程中一定要务实、勤奋，不能仅停留在理论上。创业可以从小投资开始，逐步积累经验与资金，逐步做强做大。李嘉诚说："事业成功虽然有运气在其中，主要还是靠勤劳，勤劳苦干可以提高自己的能力，就有很多机会降临在你面前。"没有资金、没有人脉都不要紧，关键要有勤奋意识才会成功。例如，陈建平靠自己的勤奋意识赢得了一个又一个荣誉，为国家的电焊事业贡献自己的力量，并成就了更多人的焊工梦（见案例 4-4）。

 案例 4-4

焊接改变人生，弧光成就梦想

"成功没有捷径，唯有努力前行。"陈建平是一名焊接岗位的工匠，他用自己的双手和精神"焊接"了自己和他人的精彩人生。

陈建平是一位"焊二代"，17 岁那年，父亲退休后他接过了父亲的焊枪。"当时父亲告诉我，你要不断地学知识、练技术，只有勤学苦练，比别人多下功夫多流汗，才能成为一名合格的技术工人。"经过两年的勤奋学习，陈建平走上了焊工生涯。他始终牢记父亲的话，手臂上的伤疤也见证了他 20 多年来对焊接工作的执着与坚守。

从学徒到熟练焊工，再到锅炉焊接质检员、技术员，从普通工人到技师再到高级技师、焊接技能教练……陈建平在工作岗位上勤勤恳恳，技艺在弧光闪耀中得到锻炼，在焊花飞溅中不断成长。从1996年第一次在三门峡参加电厂工程锅炉焊接施工算起，他的足迹遍及了三门峡、焦作、南阳、信阳、新乡、洛阳、郑州，以及海南、新疆等地，先后参与了20余座各类型火电机组建设，安装锅炉机组近2万兆瓦。此后，陈建平以高超的技艺连续参加第二、第三届全国职工职业技能大赛，并取得了优异成绩。通过赛场的磨炼，陈建平渐渐从选手转变为一名经验丰富的教练，并通过创新进一步提升技能。比赛中的一些经验转换成多项创新成果，提升了现场施工的效率和质量，为企业取得了较好的经济效益。

20多年的焊工生涯，陈建平先后取得技术创新成果18项、成果转化30项；获得实用新型专利10项、发明专利3项；有2项成果获2018年度电力建设科学技术进步一等奖，1项成果获电力建设科学技术进步二等奖；参与的科技项目成果转化被应用后，产生经济效益2300多万元。陈建平先后荣获平顶山、河南省和全国"五一劳动奖章"，被评为河南省十大能工巧匠、河南省技术能手、全国技术能手等。他用自己的双手成就了自己的工匠梦。现在，他作为师傅，继续成就着更多人的焊工梦。

5. 风险意识

风险意味着不确定性，不确定的创业可能带来收益，也可能造成损失。在创业过程中，风险意识是个体对创业中可能出现的风险，以及对创业实践过程中的风险的态度与感受。创业是市场经济环境下的行为活动，市场瞬息万变，风险总是不期而遇。创业者要树立风险意识，做好应对各种风险的准备。正如微软的管理者对员工讲："微软的寿命永远只有18个月。"这实质是在告诫员工任何时候都要有危机和风险意识，对创业保持高度警觉，任何时候不能忘记创新和进取。

 课后作业

一、不定项选择题

1. 创业意识的要素包括（　　　）。
   A. 创业需要　　　B. 创业动机　　　C. 创业兴趣　　　D. 创业理想

2. 不甘于资源约束就是创业者突破资源束缚，通过（　　　）来实现创业目标。
   A. 充分利用资源　　B. 寻求新资源　　C. 资源整合　　　D. 替代资源

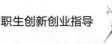

3. 格力空调的案例最能体现（　　）。

A. 责任意识　　　　B. 竞争意识　　　　C. 整合意识　　　　D. 勤奋意识

4. 创业意识的内容包括（　　）。

A. 竞争意识　　　　B. 安全意识　　　　C. 资源意识　　　　D. 需求意识

二、主观题

请写出你喜欢的创业人物，并说明你为什么喜欢他，他的哪些方面值得学习，可从创业意识的内容等方面进行陈述。

_____
_____
_____
_____
_____
_____

三、测一测

扫一扫右边的二维码，测测自己是否适合创业，请将结果写在下面。

测一测：测测自己是否适合创业

第二节　创业精神

一、创业精神的内涵

创业精神是指在创业过程中具有开创性的思想、观念、个性、意志、作风和品质等行为特征的高度凝练。创业精神一般分为个体的创业精神和组织的创业精神。所谓个体的创业精神，指的是在个人愿景的引导下从事创新活动，并进而创造一个新企业；组织的创业精神则指在已有的组织内部，以群体力量追求共同的创业愿景，组织创新活动，进而创造组织的新面貌。

总而言之，创业精神是创业者个体素质的综合呈现，主要表现在勇于创新、敢当风险、坚持不懈、团结合作等。创业精神体现了创业者在创新、激情、想象力、冒险、合作、坚持、容忍失败等方面的优秀品质，是助推创业者开展创业活动的重要力量。

二、创业精神的本质

1. 勇于创新

创新是创业精神的灵魂，被认为是创业精神的具体化。创业精神能够以一种持续创新成长的生命力助推创业者勇往直前。创新包括产品创新、技术创新、市场创新、组织形式创新等。管理学大师彼得·F. 德鲁克（Peter F. Drucker）认为：创新和创业精神必须成为维持我们组织、经济和社会生存所不可或缺的活动。只有具备创新精神，创业者才可能创建新颖独特的创业企业，并保持创业企业的特色和可持续发展。例如，"大国工匠"王进，不断进行创新探索与实践，开拓了属于自己的事业（见案例 4-5）。

案例 4-5

创新创效践初心——"大国工匠"王进

王进是伴随我国电网事业发展起来的产业工人的杰出代表，是知识型、技能型、创新型的"高压带电作业勇士"。他用实际行动生动诠释了习近平总书记"劳动最光荣、劳动最崇高、劳动最伟大、劳动最美丽"的重要思想，在建设具有中国特色国际领先的能源互联网企业的新征程上创新创效，谱写了新时代的劳动者之歌。

"工欲善其事，必先利其器。新时代产业工人不仅要会工作，更要懂创新、会创新。"王进始终这样要求自己。

王进的创新成果始于一双手套。由于电磁场的长期作用，高压线的表面特别毛糙。作业人员以前佩戴的都是普通手套，一次作业下来不仅手套会磨破，弄不好手也会擦破皮，并且手套不够光滑，走起线来阻力非常大。为了解决这个问题，王进团体研发了走线专用手套。

自此，王进开启了自己的创新之旅。他研制了带电作业屏蔽服、电位转移棒、大刀卡、四线吊等工器具，填补了多项技术空白。2014年，王进带领团队申报的"±660kV直流架空输电线路带电作业技术和工器具创新及应用"获得了年度国家科学技术进步二等奖。中国工程院院士雷清泉曾评价说："这些工法和工器具的创新术均来自生产一线，具有较强的工程实用性与指导性，代表了工人创新的实力，体现出较高水平，具有较强的推广价值。"

王进的创新成果在工程实际应用中取得的经济效益，引起了电力行业与社会的广泛关注，加速了成果的推广应用。在工作中思考，在思考中创新，在创新中行动，这正是王进的创新诀窍，更是以初心筑匠心的生动实践。

2. 敢当风险

没有甘冒风险和承担风险的魄力，就不能成为创业者。在创业过程中，风险是一个不确定的因素。无数创业者的经历证明，创业者所处的生产环境、成长背景和创业机缘各不相同，但成功者无一例外要在诸多不确定的条件下进行敢为人先、勇于创新的创业探索与实践。

3. 坚持不懈

坚持不懈是创业精神的精髓。创业的道路上会遇到各种困难和挑战，从来都不会一帆风顺。创业中或喜或悲，或欢笑或垂泪，创业者都必须坚持不懈。创业实践表明，往往坚持不懈的创业者在创业中生存下来的可能性更大。咬定青山不放松，坚持每一件事，就会迎来创业的曙光。

4. 团结合作

团结合作是创业精神的精华。社会发展到今天，行业分工越来越细，没有谁能一个人完成创业过程中所有的事情。真正的创业者善于团结合作，能将团结合作精神扩展到团队的每个成员。当面临创业的困境时，团队成员能团结一心、奋力拼搏，为创业成功添砖加瓦。例如，狼是群动之族，一旦攻击目标确定，则群狼起而攻之，通过团结协作完成一个个狩猎目标。大雁亦是如此（见案例4-6）。

> 案例 4-6

大雁法则

人们从社会学的角度对大雁高空列队飞行进行研究后发现，大雁具有很强的团体意识，包括一致的行动目标和协作理念，头雁的领导管理作用，以及成员间的相互帮助和激励。从大雁的飞行列队（图 4-1）可以看出团队合作的效能。

图4-1　大雁的飞行列队

第一，目标一致。每只大雁在飞行中拍打翅膀，为跟随其后的同伴创造有利的上升气流，一致的行动目标使集体的飞行效率提高了 70%。

第二，团队协作。每只大雁都愿意接受团队的飞行队形，并且协助团队建立队形。即使有一只大雁落在队伍外面，也会立即回到雁群的队伍中。

第三，领导管理。雁群的领导工作由群体分担，虽然头雁先整队领航，但是当这只带头雁疲倦时，便会自动后退到队伍之中，同时由另一只大雁马上替补。

第四，团队激励。在飞行过程中，大雁会不断发出鸣叫，目的是给伙伴打气和鼓励，不让每一个伙伴落单。

第五，互相帮助。不管群体在飞行中遭遇什么情况，大雁之间总会互相帮助。如果有一只大雁生病或被猎人击伤，会有另外两只大雁脱离队伍，靠近这只遇到困难的同伴，并协助它降落在地面上，然后一直等到这只大雁能够重回群体或是不幸死亡，它们才会离开。

三、创业精神的特征

1. 高度的综合性

创业精神是由多种精神特质综合作用而成的。诸如创新精神、工匠精神、拼搏精神、进取精神、合作精神等都是创业精神的特质，体现了创业精神的综合性。

2. 超越历史的先进性

创业意味着开创前无古人的事业。在创业过程中，创业者想前人不敢想，做前人不敢做的事情，体现了创业精神超越历史的先进性。

3. 鲜明的时代性

不同时代的社会需求不同，人们会面对不同的物质生活和精神生活，在此条件下会产生不同的创业精神。例如，20世纪90年代的改革开放初期，当人们对市场还很陌生时，温州人已经开始了"不甘落后，敢为天下先，冲破旧框框，闯出新路子，并且不断创新"的创业探索，产生了具有时代特征的"四自"创业精神，即自主改革、自担风险、自强不息和自求发展。

四、创业精神的来源

1. 文化环境

创业者离不开现实的文化环境。在一个商业文化氛围浓厚的地方，潜在的文化环境容易培育创业者的创业精神。创业者所在生活区域的文化环境，就是培养创业精神的沃土。例如，晋商文化正是在历史的长河中逐渐形成的一种信义文化（见案例4-7）。

 案例4-7

晋商文化

晋商作为中国十大商帮之首，盛及明清两朝五百多年。不仅在神州大地上创造了"财雄天下，海内最富"的商业奇迹，而且烙下了亘古未有的商业文化。

晋商深受儒家文化的熏陶，以儒学指导商业经营，其核心价值观为"义利相通"，把儒家思想融入行商治世的从业要略，营造了商儒并重的社会氛围。"传家有道唯存厚，处世无奇但率真""经济会通守纪律，言词安定去雕镂"，散落在乔家大院的匾额楹联中蕴含着真诚、守规。著名晋商乔致庸，是乔家第四代传人，他曾告诫儿孙，经商处事应以"信"为首，以信誉得人；其次是"义"，不哄人，不骗人，不昧心；最后才是"利"，不能把"利"摆在首位。

晋商的票号实现"汇通天下"，归根结底是得益于"信义"。1823年，雷履泰在平遥创办"日升昌"票号，做到"一纸之符信遥传，万两之白银立集"，票号的设立是中国金融史上的创举和革命。当时社会环境复杂多变，没有任何金融制度加以制约，若票号的经营没有内在信义的支撑，很难形成这样的商业模式。因此，"信义"已成为晋商兴盛无形的文化财富。

2. 产业环境

产业环境能够对同一产业内的组织产生一定的影响。创业时，对产业环境的考察重点在于想进入的行业的生产规模、产业布局、产业政策、行业壁垒和发展前景等。产业环境着眼于全行业的整体环境，不同的产业环境会对创业精神产生不同的影响。对于传统行业而言，创业精神体现在一代又一代人艰苦奋斗、顽强拼搏的创业历程中；对于新兴行业而言，创业精神则表现为甘于冒险、勇于创新的创业品质。落后产业的升级或转型，也有可能激发新的创业精神。

3. 生存环境

生存环境是某团体或个体所面对的特定的自然、社会或家庭等的生存条件。资源贫瘠往往能激发人的斗志。这种生存环境是客观存在的，但也可以通过主观意识去改变。在资源贫瘠的地方，人们为了改善生存状况而寻求发展机会，整合外部资源，进而催生创业念头，激发创业精神。例如，我国历史上徽商的形成，最初就是源于艰难的生存环境（见案例4-8）。

 案例4-8

七山一水一分田，一分道路和庄园

古代徽州的土地非常金贵，哪怕是巴掌大的一小块泥土，上面也要种上一颗玉米种子。由于没有成片的耕地，人们只能艰难地寻找并开垦一些零星的田地，徽人称之为"薄土"。这些薄土一层一层积累，鱼鳞般狭小零碎，往往几十级田土还不足一亩。因为高山峻岭难以蓄水，十天不下雨，土地干裂，庄稼枯死。而一场暴雨之后又暴发山洪，将粪土禾苗冲得荡然无存。由此可见，古代徽州山多地少，土地贫瘠，农业不足以为生。为了生存，迫使徽人从事商业。

4. 政策环境

良好的政策能够催生人们的创业念头，激发创业精神。近年来，为支持创业者更好地投入创业，国家和各级政府陆续出台了一系列创业优惠政策，涉及融资、开业、税收、创业培训和创业指导等诸多方面，为创业者营造良好的政策环境。在这种政策环境下，创业者消除了许多后顾之忧，也激发了他们的创业热情，出现一批批创业群体和一个个创业产业集群，它们不断推动着社会经济的发展。

五、创业精神的培养途径

1. 培育创业人格

人格是个人带有倾向性的、比较稳定的心理特征，表现为动机、兴趣、理想、价值观等方面。创业人格的形成与个性的塑造、创业精神的培育相辅相成。作为创业者来说，培育具有创业特征的人格非常重要，尤其是正确的创业动机、远大的创业理想、坚定不移的创业目标等。学生要树立个性独立意识，提高心理素质，自觉培养坚韧不拔的意志和艰苦奋斗的创业人格品质。

2. 培养创新能力

创新是创业精神的核心，创业以创新为基础。在学习过程中，学生要保持自身的个性发展和求知欲，增强对事物的好奇心，勇于发现新问题、提出新观点。同时，学生还要善于利用创新思维和创新工具突破一些难题，有意识地提出新方案，自觉地进行创新思维训练，从而不断提高自身的创新能力。

3. 增强创业实践

实践是人们能动地改造和探索现实世界的一种社会性活动。"纸上得来终觉浅，绝知此事要躬行。"学生可以积极参加校内的创业活动和创业项目，在创业实践中磨炼自己，增强自身的创业素养。同时，学生也可以利用课余时间参加社会实践和技能竞赛，增强对创业的认知与体验。

【小结】

创业者需要具备很多特质，但最重要的特质是他们身上的创业意识和创业精神。这些特质对各行各业的从业人员来说，也是非常重要的职业素养。本章通过理论阐述、案例讲解等方式让学生感受并认同创业意识和创业精神。创业意识是创业者在创业过程中对创业行为起到驱动作用的意识活动，内容主要表现为责任意识、竞争意识、整合意识、勤奋意识、风险意识。创业精神是创业者在创业过程中的重要行为特征的高度凝练，主要表现为勇于创新、敢当风险、团结合作、坚持不懈等。创业精神将时刻指引着创业者在职业生涯过程中度过一个又一个难关，成就充实的人生。

 课后作业

一、不定项选择题

1.创业精神是创业者在创业过程中的重要行为特征的高度凝练，主要表现在（   ）等方面。

  A.勇于创新 B.敢当风险 C.团结协作 D.坚持不懈

2."大雁法则"的案例，最能体现出的创业精神本质是（   ）。

A. 勇于创新　　　B. 敢当风险　　　C. 团结协作　　　D. 坚持不懈

3. 温州人的创业精神被概括为"四自"精神，即自主改革、自担风险、自强不息、自求发展，体现了（　　）。

A. 高度的综合性　B. 历史的先进性　C. 鲜明的时代性　D. 高度的总结性

4. 晋商不仅在神州大地上创造了"财雄天下，海内最富"的商业奇迹，而且烙下了亘古未有的商业文化，晋商文化的形成体现了（　　）。

A. 文化环境　　　B. 产业环境　　　C. 生存环境　　　D. 政策环境

二、连线题

不同时期有不同的创业精神，请将下列不同时期与相应的创业精神进行连线。

不同时期	创业精神
春秋战国时期	温州人的创业精神
明清时期	鲁班的工匠精神
现代	晋商精神
	勾践的百折不挠

三、主观题

观看纪录片《燃点》，选择一个你喜欢的创业者，简述你喜欢他的理由，他身上具有哪些创业精神值得学习。

_____
_____
_____
_____

第五章 创新的创业实践

内容要点

创新是创业的核心,创新的创业就是在创业过程中融入创新的技术、产品、商业模式等,在行业中形成差异化的产品定位或者差异化的营销策略。

按照创业发生与发展的规律,创业的实现要以需求为起点,经历创意、创新、创造、创业、创富五步,最终实现创业成果。以需求为起点,就是要找寻社会上未被满足的需求,分析需求并将需求转化为产品设计理念或者原型,这就是创意。产品设计理念的提出与原型的制造,就是创新与创造。在完成产品的同时,也要同步开展组建团队、制订营销策略、分析目标客户、策划融资策略等一系列事情,这就是创业、创富。

本章将以项目实战的形式,带领同学们体验创新的创业实践的全过程。

知识体系

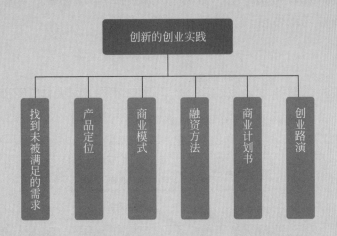

第一节 找到未被满足的需求

从用户提出的需求出发，挖掘用户内心真正的目标，做出的产品才能被用户接受。一款好的产品一定是符合人性的。把握人性是一款产品的重要环节，知道用户内心最需要什么，才能真正做出让用户喜欢的产品。

一、需求

从经济学的角度而言，需求是指人们有能力购买并且愿意购买某个具体商品的欲望。对于创业者而言，其研发的产品只有满足了人们的需求，才能实现产品向商品的转化，企业才能生存。根据社会学、心理学、行为学、管理学的研究，各国学者从不同的观察角度，对需求总结出具体的理论框架与基础。比较著名的有马斯洛需求层次理论、双因素理论、KANO模型（图5-1）等。

KANO模型是东京理工大学教授狩野纪昭（Noriaki Kano）受到双因素理论的启发，提出的对用户需求进行分类并优先排序的重要工具，体现了产品性能和用户满意之间的非线性关系。KANO模型作为一个典型的定性分析模型，一般不直接用来测量用户的满意度，而是通过了解不同层次的用户需求，帮助企业找到提高用户满意度的切入点。该模型在目前互联网产品管理中应用最为广泛，其理论体系是一套非常完整的需求分析工具，能够很好地用来拆分需求，根据目标用户的行为特征来分析需求，比较适用于有一定用户基础的产品管理中，可以根据数据的反馈调整模型中的各项需求变量。

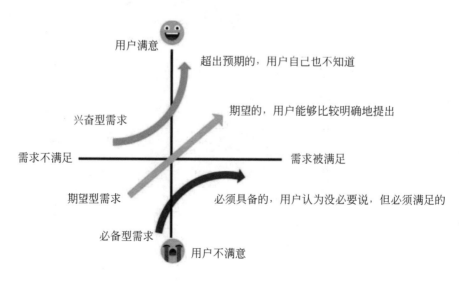

图5-1　KANO模型图

根据不同类型的质量特性与用户满意度之间的关系，狩野纪昭教授将用户需求分为三类：兴奋型需求、期望型需求、必备型需求。例如，出行方式的演变就是需求类型分类的具体体现（见案例5-1）。

1. 兴奋型需求

兴奋型需求是不需要向用户调研的那部分需求。这部分需求藏于暗处，还未被激发，即便调研也得不到结果。此类需求一旦被满足，即使表现得并不完善，也能带来客户（用户）满意度的急剧提升，同时此类需求如果得不到满足，往往也不会带来客户的不满。

2. 期望型需求

期望型需求也称为意愿型需求，是指客户满意度与需求被满足的程度成比例关系的需求。此类需求得到满足或表现良好的话，客户满意度会显著增加；此类需求得不到满足或表现不好的话，客户的不满也会显著增加。一般用户需求指的是这类需求。

3. 必备型需求

必备型需求是客户对企业提供的产品或服务的基本要求，是客户认为产品"必须有"的属性或功能。如果此类需求没有得到满足或表现欠佳，客户的不满情绪会急剧增加，甚至厌恶。此类需求得到满足后，可以消除客户的不满，但并不能带来客户满意度的增加。

 案例 5-1

出行方式的演变

出行是人们的基本需求，人类出行的方式也在不断变化。图5-2为出行方式的发展历程。

每一种新方式的出现，首先都要满足人类对出行便捷、快速、舒适这些必备型需求其中的一项，否则用户就不会买单。比如，骑马的出现满足了人们快速出行的需求，所以马才会作为一种交通工具存在。而在满足了必备型需求之后，人们会期待速度更快、舒适度更高的交通工具，这就是期望型需求。还是以马为例，一个人选择了骑马作为出行方式，当所选择的马跑得越快、耐久性越高，骑马的人满意度就越高，这个时候人们的需求就是努力获得一匹好马。

那么从马车到汽车的演变，就是兴奋型需求的典型表现了。

"如果我最初问消费者他们想要什么，他们应该会告诉我，'要一匹更快的马！'"这是亨利·福特的一句经典名言。100多年前，福特公司的创始人亨

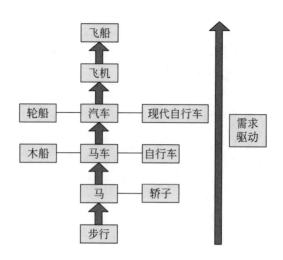

图5-2 出行方式发展历程

利·福特先生到处跑去问客户:"您需要一个什么样的交通工具?"几乎所有人的答案都是:"我要一匹更快的马。"很多人听到这个答案,立马跑到马场去选马配种,以满足客户的需求。但是福特先生却没有立刻往马场跑,而是接着往下问。

福特:"您为什么需要一匹更快的马?"

客户:"因为可以跑得更快!"

福特:"您为什么需要跑得更快?"

客户:"因为这样我就可以更早到达目的地。"

福特:"所以,您要一匹更快的马的真正用意是?"

客户:"用更短的时间更快地到达目的地!"

于是,福特并没有往马场跑去,而是选择了制造汽车去满足客户的需求。

最终,福特公司生产的T型车第一年的产量达到10660辆,创下了汽车行业的纪录。到了1921年,T型车的产量已占世界汽车总产量的56.6%。T型车的最终产量超过了1500万辆。物美价廉的T型汽车的出现,实现了客户满意度的急剧提升,引燃了客户的兴奋点,这就是兴奋型需求。

二、需求分析

需求分析是从客户的痛点出发,找到客户的需求,并将客户的需求转化为产品设计要求的过程。客户提出的需求,从他们的角度而言大多都是正确的,但更多是从自身情况考虑,对如何解决需求并没有明确的设想和定位。需求分析的关键在于分析问题的本质,创造出能够真正满足客户需求并符合市场规律的产品。进行需求分析时,为了提升创业的成功率,还要注意从以下几个方面把握。

1. 择己所好

只有自己有兴趣的事情，才会激发出自身更多的创新，并投入更多的热情。要根据自己的兴趣进行创业（见案例5-2）。将自己的兴趣与客户的需求结合起来，找到能够兼顾的需求，是非常重要的。

 案例5-2

因兴趣而创业

如果你对自己要创业的这件事情没有兴趣，这就不是创业。有一个年轻人，在纽约学艺术。他平时特别喜欢美食和做饭，经常利用周末做十几道菜，中西餐混合，叫一群人来吃。大概在其毕业典礼过后的第三天，他开始了创业的第一步，租下了纽约的一个小门市，租金挺贵，一个月租金1.8万美元，面积有100平方米。

他的专业是工业设计，现在要做餐饮领域的创业，这是个非常难的事情。但这正好与他的兴趣结合起来了。他发动同学帮他设计店面，他要把中国的烤串带到纽约，而且他还要改进烤串的一系列流程。比如纽约不可以有明火、不能有烟，他就重新改造制作流程，改造烤箱，让烤串没有烟。这先要把肉在郊区烤成半熟，比如在美国纽约法拉盛地区把肉加工成半熟，真空包装后拿到店里再焦化，焦化之后就能够控制油烟。

这个孩子才20岁出头，他有兴趣去创业。然后他走了第二步，去商学院继续学习。他利用一年时间申请商学院，因为纽约好的商学院可以不直接去读，所以他就先开餐馆，等开一年餐馆之后，他把餐馆交给别人经营，然后去读商学院。这是兴趣和创业结合的最佳范例，因兴趣而创业，是一个最好的选择，你会产生热情。

2. 择己所能

社会中的创业机会很多，但现实中的很多机会是基于现有资源基础之上，把资源进行整合而后慢慢地形成产品，所以要量力而为。"没有金刚钻，别揽瓷器活""工欲善其事，必先利其器"，都是这个道理。

3. 择世所需

所谓择世所需是指要看清未来趋势和事物发展的规律，重点在于找到基于现状与未来发展中存在的和即将到来的客户需求，即找到已经形成一定规模并将继续扩大的市场需求，通俗地理解就是顺势而为。在互联网、物联网的大潮下，创新创业就是要顺着网络经济的大潮找寻需求，顺势而为，找到社会发展中的需求。

凭心、量力、顺势，皆是寻找需求的基本原则。此三者，得其一可预其事，得其二可即为之，三者皆得者则其事可成。

> **项目实战：**

共享电动汽车创业项目的需求分析

一、社会痛点

汽车出行在北京存在的社会痛点是什么呢？这里将围绕与出行相关的三个主体（消费者、汽车制造厂商和政府）来进行分析。

1. 消费者的痛点

在北京，对于用汽车出行，消费者的痛点（图5-3）包括停车难、买车难和堵车严重。

（1）停车难。现在各个大城市停车位越来越紧张，开车的人找车位很难，表现为停车难。

（2）买车难。现在很多城市开始限购，尤其是像北京、上海这样的一线城市。如果想买车得先摇号，而摇号中签的概率也越来越低，北京大概是千分之五的中签率。消费者不能中签就无法买车，表现为买车难。

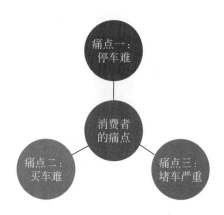

图5-3 消费者的痛点

（3）堵车严重。有车后，消费者在行车过程中的堵车也是常态。现在各个大城市每天上下班的高峰期都堵车，基本上主要干线都会堵很长时间。对消费者来讲，堵车实际上是很痛苦的，既耗费了时间又多烧了油。

除此之外，还有其他的痛点，如费用高。现在油价快速上涨，停车费也越来越贵，以及维修保养汽车等日常费用，都是消费者的痛点。

2. 汽车制造厂商的痛点

汽车制造厂商的痛点（图5-4）主要体现为卖车难和服务难。

（1）卖车难。作为汽车制造厂商来说，在限购的情况下，消费者的数量有限，尤其是在北京、上海、广州这些限购大城市，卖车越来越难。

（2）服务难。不同的消费者，在使用车的过程中会产生各种各样的问题，消费者分布在不同的地方，服务就比较难提供。

3. 政府的痛点

政府的痛点（图5-5）主要有环境污染问题和城市管理问题。

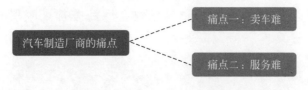

图5-4 汽车制造厂商的痛点

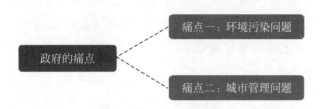

图5-5 政府的痛点

（1）环境污染问题。现在汽车保有量越来越大，在城市里会产生温室效应，汽车排放出来的PM2.5和其他的污染物，会悬浮在城市的低空，对环境造成很大的污染，影响人们的生存质量，这是政府最大的痛点。

（2）城市管理问题。随着汽车越来越多，汽车乱停乱放现象严重，导致了城市管理的问题。现在有很多小区门口，甚至小区道路的两侧都停满了车，不仅影响了市容，而且遇到一些紧急事件时无法开展救援或处理，如发生消防或者医疗急救的突发事件。这使得政府在城市治理方面难度增加。

可见，目前在汽车的使用过程中，对消费者、汽车制造厂商和政府来说都存在一定的痛点，有的还是长期难以解决的痛点。

二、社会需求

1. 消费者的需求

在一线城市，目前还没有车但却想用车的上班族，希望有一种什么样的服务呢？下面给出几种假设。

第一，用车方便。消费者在需要用车的时候随时可以用到，而且不会出现故障。

第二，费用可控。消费者每个月固定的用车开销大概在什么范围内是可以看到的，而且也可以控制和承担费用。

第三，选择多样。消费者在用车时，可以选择适合自己的车型、使用模式等。比如，可以按月，也可以按天，甚至可以按次进行选择。这样消费者能有更多的选择，便于更方便地用车。

第四，停车便捷。消费者希望在停车时，能够在他的目的地周边很容易地找到空闲的停车位。

2. 汽车制造厂商的需求

汽车制造厂商是一个靠汽车来实现盈利的企业，传统的盈利模式是通过制造、销售,直接获取中间制造成本和销售额之间的差价来赚取利润的。在这种情况下,制造厂商通过卖车,可以获得相对比较固定、较高的利润。但这种模式并不能增加厂商与客户的黏性,也不能使汽车的销售量持续增加。与房子类似,之前房子都是开发完就卖掉,开发商不会自己持有产权或者物业。现在,很多开发商已经转变为另一种模式,将房子改为出租,这样就会使得企业有一个持久的收入。虽然出租的收入额度不会太大,但是随着房价不断上涨,开发商持有的房产的价值比卖掉它们赚的钱还多,所以这是一种新的需求。同样,对汽车制造厂商来说,如果希望能够有持续、稳定的收入,可以考虑采用生产、出售或者租赁等各种模式。

3. 政府的需求

政府的需求就是能够对交通进行有效的管理。不管是对行驶违章车辆自动拍照,还是在现场进行交通执法等,都是为了建立一个良好的行车秩序。政府最苦恼的就是现在人们对车辆的乱停乱放,这不仅影响市容市貌,同时也会影响城市的很多基本功能。要想对车辆进行有序停放和有效治理,需要采取一些相应的措施,这是政府的需求。

针对这些需求,结合共享经济的理念,本项目提出"共享电动汽车"的产品理念。这既符合了消费者的用车需求,又能够满足汽车制造厂商利润持续增长的需求,还能契合政府环保、有序管理的需求。

第二节 产品定位

产品定位是对产品希望达到的目标进一步细化,植根于用户心理对产品的认知,即产品解决什么问题,满足谁的需求。其包括目标用户定位、核心需求定位、产品风格定位、营销策略定位、功能属性定位、推广渠道定位等一系列与品牌认知相关的内容。

一般而言,产品定位采用五步法(图5-6),即目标市场定位、产品需求定位、产品测试定位、差异化价值点定位和营销组合定位。下面以"福特T型车的产生"为例,带领大家逐步认识五步法。

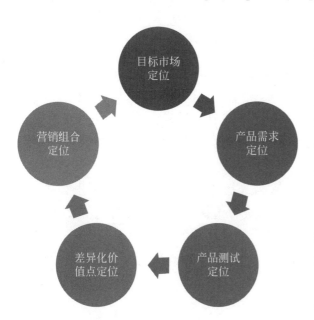

图5-6 产品定位五步法

一、目标市场定位

目标市场定位是一个细分市场与选择目标市场的过程,即明白为谁服务。目前,市场细化越来越聚焦,任何一家公司和任何一种产品的目标用户都不太可能涵盖所有的人群。选择目标用户的过程就是确定细分市场的标准,通过聚焦和集中目标用户,能够对产品市场进行准确定位。因此,通过对整体市场进行细分和评估,能够最终确定所选择的目标市场,如福特T型车的出现(见案例5-3)。目标市场定位可以选择为整个市场仅提供一种产品,或为每一个细分的子市场提供不同的产品,或仅选择一个细分后的子市场提供相应的产品等不同策略。

案例 5-3

福特T型车的市场定位

1903年,亨利·福特打造出了福特历史上的第一款车型——A型车(Model A),随后又先后开发了B、C、F、K、N、R、S等车型,但这些车的价格动辄4000美元,对于年收入为800美元左右的普通民众来说,似乎遥不可及。

但普通民众对出行更快、更便捷的汽车也是有市场需求的。取得了成功的亨利·福特萌生出了一种"让普通百姓也能开上汽车"的想法,希望制造一种普通民众能买得起、带有活动发动机、可拆可装的万能车。因此,福特把目光定位到了这个特定的目标群体——年薪为800美元左右的普通民众,打造出了一款适合他们的T型车。1908年,福特T型车(图5-7)正式上市。

福特T型车仅为850美元,给了普通民众可以开上自己的汽车的希望,上市之

图5-7 福特T型车

初就掀起了一股抢购风潮。福特T型车采用四缸汽油发动机，有两个前进挡、一个倒挡，简单实用，容易上手，却又物美价廉。无论是工人、农民、富人、穷人，还是男人、女人、老人、少年，都喜欢它。

二、产品需求定位

产品需求定位是了解需求的过程，即产品满足何种人群的何种需要。确定产品需求，不是根据产品的类别来确定，也不是根据消费者的表面特性来确定，而是根据消费者的需求价值来确定。消费者购买产品是为了获取某种产品的价值。在这一环节需要调研其需求，从而指导新产品开发或产品改进。

例如，福特汽车将目标市场定位在普通民众，他们对出行更快捷、更方便的汽车有需求。但当时的汽车不符合普通民众的经济购买能力，他们需要的是能买得起的汽车。为了让普通民众能买得起汽车，就需要降低汽车的价格，进而形成了普通民众的汽车需求定位。

三、产品测试定位

产品测试定位是企业进行自身产品设计或改进的过程。通过符号或者实体形式来展示产品（未开发和已开发）的特性，考察消费者对产品概念的理解、偏好与接受程度等。这一环节的测试研究需要从心理层面到行为层面的深入探究，以获得消费者对某一产品概念的整体接受情况。产品测试定位环节包括新产品开发研究、概念测试、产品测试、命名研究、包装测试和产品价格研究等。

在互联网时代，产品测试定位更适合遵循最小单元实现（Minimum Viable Product，MVP）原则。最小单元实现，也叫"最小化可行性产品""最简可行产品""最小化可存活产品"等，是指将创意用最短的时间和最低的成本创造出来的过程。MVP是一种产品策略。《精益创业：新创企业的成长思维》一书的作者埃里克·莱斯（Eric Ries）最早提出了"最小化可行性产品"的理念，他指出"MVP的产品版本可以让我们花最少的力气、最短的开发时间，经历一次完整的'开发—测量—认知'循环"。MVP少了很多日后可能相当重要的功能特性，但它却可以通过一个最小化、满足核心需求的产品来测试市场的反映。

MVP的定义透露了两个关键点：第一，它并不针对所有用户，而是只针对天使用户；第二，它并非一个庞大、复杂的功能组合，只是一个最小、最基本的功能组合。所以MVP针对的是最小用户级的最小产品，这也是MVP概念中最为核心的两个方面，例如小米的MIUI实现过程（见案例5-4）。简单地说，MVP就是一个产品雏形，将它推向市场后，根据客户反馈来改进它。MVP背后的核心思想是将创业者的经济成本、时间成本和试错的机会成本降到最低，其目的是尽量减少花费在一个迭代周期的总时间。

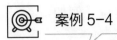案例 5-4

MIUI 的最小产品化过程

MIUI 是小米公司旗下基于 Android 系统深度优化、定制、开发的第三方手机操作系统，也是小米公司的第一个产品。

早期的 Android 系统非常难用，界面也不美观，与同时代的 iOS 差距非常明显。当时 Android 的主要精力是完善系统本身，因此基本没有考虑过国人的本土化需求。所以，在当时做一款定制化的 Android 系统，使它易用、漂亮、更符合国人的需求，在用户方面还是有非常大呼声的。MIUI 就是在这样的背景下诞生的。2010 年 8 月 16 日小米公司正式发布了第一个版本，当时找了 100 个内测用户，率先将手机刷成 MIUI，深度使用，可以提各种意见和建议。

MIUI 的整个理念也是从那个时候形成的，沿用至今，即"和用户做朋友"，真正去贴近和了解用户，从各个渠道倾听用户真实的想法。其中有一个很重要的渠道是 MIUI 论坛，论坛上大家互相交流各种玩机经验，而 MIUI 的开发团队甚至小米公司几乎所有人也都在论坛上，经常和大家一起交流，解答问题，同时征询大家的各种看法。

MIUI 的另一大特点是每周发布新版本，以前称其为"橙色星期五"，这样做的好处在于：用户可以第一时间用到最新功能；用户如果不满意可以提出意见，开发团队会很快迭代方案，快速试错。MIUI 非常好用就不难理解了，因为 MIUI 的很多功能都是直接来自真实的用户需求，而且根据用户的反馈进行数次修改，最终的效果自然会让更多的人满意。

这就是典型的 MVP。

四、差异化价值点定位

差异化价值点定位是结合消费者的竞争研究，进行营销属性的定位。一般产品的独特销售价值定位方法（USP）包括从产品独特价值特色定位、从产品解决问题特色定位、从产品使用场合时机定位、从消费者类型定位、从竞争品牌对比定位、从产品类别的游离定位、综合定位等。在此基础上，需要进行相应的差异化品牌形象定位与推广。

五、营销组合定位

营销组合定位是产品进行营销组合定位的过程。在确定目标用户的需求与企业提供的产品之后，需要设计一个营销组合方案并实施这个方案，使定位真正落地到位。任何一种新产品畅销不过一个月，就马上会有模仿品出现在市场上，因此，仅有产品定位已经远远不够，企业必须从产品定位扩展至整个营销定位。例如，乔布斯打破传统，重新对苹果手机进行产品营销组合（见案例5-5）。

 案例5-5

苹果手机的产品营销组合

产品市场定位虽然源自市场营销，但也影响着产品生产设计的整个过程，包括功能设计、外观样式、交互体验等诸多部分。2007年1月9日，在旧金山MacWorld大会上，乔布斯就打破了传统通信设备的概念，将手机定位成一个互联网通信设备，重新定义了用户可以在手机上完成的事情，这就是产品营销组合定位。在重新定义手机时，乔布斯在iPhone中推出了一个全新的用户界面，一套基于多点触屏和具有开创性的手机软件，这个软件包括桌面电子邮件、网络浏览、搜索和地图等。通过这种手机软件，用户用手指就能控制iPhone，实现人性化的交互方式。

项目实战：

共享电动汽车创业项目的产品定位

一、主营产品或服务

共享电动汽车的主营产品或服务能够让消费者通过共享模式来使用汽车，或者使用电动汽车服务。这种情况下，汽车厂商不再销售汽车，而是出租汽车，汽车所有权的归属由消费者转变为汽车厂商，或者是专门的出租汽车公司。共享电动汽车在价格上比目前租车的价格便宜，也能够更方便地提供给消费者使用。因此，共享电动汽车提供的主营产品或服务是满足消费者租车需求的一个产品。

共享电动汽车的主营产品是以什么形态提供的呢？主营产品就是电动汽车租赁服务。电动汽车是有不同型号和功能的，不需要消费者购买，仅提供给消费者使用，即消费者仅有使用权。当消费者要用车的时候，可以通过租车软件进行寻找和定位，并选择合适型号的汽车进行支付和租用，也就是类似共享单车的共享模式。

二、目标客户

本项目实战定位于"共享电动汽车"，目标客户首先针对北上广深等一线城市中没有车的上班族。没有车的人希望能够买车或者开上车，但是买车又买不上，买上了停车又难、养车又贵。所以这些上班族是该实战项目的目标人群。这个目标人群比较具象，也比较集中，将来去寻找这类客户时就会比较好找，所以他们就是目标客户。一般来讲，定位精确并且将来有可能找到的这些人，才是有价值的目标客户。

三、核心竞争优势

本项目以汽车厂商作为提供服务的机构。原来汽车厂商是制造汽车和卖车的，而现在转变为出租汽车，其优势体现在以下几个方面。

第一，技术优势。不管是续航能力，也就是电池的技术，还是互联网等技术，在汽车上都会不断地更新与迭代，技术创新也会不断持续。作为汽车厂商，可以不断地对电动汽车进行技术升级，提高共享电动汽车的舒适性、驾乘感等。同时可以增加租赁使用的用户，获得更多对电动汽车的使用反馈，也可以进一步促进电动汽车的升级改造。

第二，模式优势。消费者不需要买车，只在需要用车的时候通过一个软件去寻找附近的可用汽车就可以，共享模式在电动汽车上的应用是一种典型的应用创新，模式新颖，符合一定的社会需求。

第三，资源优势。作为汽车厂商，具有汽车产品丰富多样、后续维修汽车方便的天然优势，不需再另行购置车辆、组建维修团队。从整体运作上看，也会大大降低成本。

这些优势可以使汽车厂商比单纯的一家出租汽车公司有更便利的条件来开展共享电动汽车服务。

四、产品体系

不同的客户有不同的需求，比如就客户的经济承担能力来说，有的客户能承担一个月3000元的租金，有的客户能承担一个月2000元，有人只能承担更便宜的价格。根据客户需求的不同，汽车厂商需要提供不同层次的产品，这就形成了一个产品体系。比如按功能来说，如果纯粹以代步为目的，就可以用低端配置的汽车满足客户需求；如果有一些客户为了商务而使用，就要选择高配置的车辆。通过提供不同层次的产品和不同的租赁方式，来满足客户的不同需求，这就是产品体系。

另外，为了能够让客户体验到产品，汽车厂商需要推出一些门槛比较低的产品或服务，或者推出一些免费体验的产品，这能够让客户享受低门槛的产品与服务，这类产品与服务既是产品体系的一部分，也是一种营销体系。

同时，随着智能驾驶技术的发展和汽车多媒体功能的提升，汽车已经不只是一个代步工具了，而是变成了一个移动办公的空间。汽车会变成一种自媒体，即能够让客户在上下班的这段时间里与车进行更多的交流。如果上班族使用租赁的电动汽车，那么汽车厂商可以在他们上下班的这段时间通过汽车内的大屏，或者车内的多媒体进行一些定向的广告推送，包括各种各样的购物、商业广告等。

总体来说，共享电动汽车产品与服务除了提供汽车本身的基本使用功能外，还可以为消费者提供移动办公空间、移动购物空间、移动娱乐空间等，这样汽车就被重新定义了。这样的产品体系，将来创造价值的机会也会更多。

第三节　商业模式

一、商业模式的定义

商业模式的概念起源于20世纪50年代的美国，有专家首次提出商业模式，但是这个概念直到20世纪90年代的互联网大爆发时期才再一次被大家关注，并得到了极大的发展。特别是一些早期的创业型公司会经常使用商业模式这一概念来概括和总结自己公司的发展方向。随着创业热潮在国内外的发展，商业模式也成为创投公司评判某些创业公司是否值得投资的重要参数之一。

商业模式旨在描述一个以盈利为目的的商业体（企业）的核心运作模式，所有关于商业模式的描述都在试图揭示企业运作的核心要素，以帮助企业家和新的创业者对企业有一个清晰、全面的认知。因此，任何一个商业模式可以说都是一个由客户价值、企业资源和能力、盈利方式构成的三维立体模式。

哈佛大学教授约翰逊（Mark Johnson）、克里斯坦森（Clayton Christensen）和SAP公司的CEO孔翰宁（Henning Kagermann）共同撰写的《商业模式创新白皮书》中，把三个要素概括为客户价值主张、资源和生产过程、盈利公式。其中，"客户价值主张"是企业在一个既定价格上向其客户或消费者提供服务或产品时所需要完成的任务，"资源和生产过程"是支持客户价值主张和盈利公式的具体经营模式，"盈利公式"是企业为股东实现经济价值的过程。

简单来说，"客户价值主张"可以理解为用户购买的服务内容，如"海底捞"火锅的服务、高铁的高速便捷、苹果手机的用户体验等。"资源和生产过程"则是达到上述目标而必须要做的工作。"盈利公式"则可以简单地理解为如何挣钱。这三个要素中，最复杂多样的是第三个要素，商业模式的创新主要体现在盈利公式上的创新。

在传统的商业模式中，企业提供服务就可以获得回报。例如诺基亚手机，消费者所付的费用是手机本身的价值，诺基亚要想提高收入和利润就必须增加销量，同时大幅度降低成本。为此，诺基亚的工程师最大程度地使用配件库中的配件，使得诺基亚的手机配件尽可能地通用，这样再生产或者采购这些配件时，就可以因批量生产而降低成本。

新型公司则会在收入模式上进行创新。比如乔布斯的苹果公司，其收入不再单纯靠销售手机的收入，还包括App Store中App下载的分成费用。在盈利公式的变化下，苹果公司与诺基亚公司的业务虽然都是手机市场，但是公司的价值和营业收入却有了很大的区别。

二、商业模式画布

商业模式画布（Business Model Canvas）是一种用来描述商业模式、可视化商业模式、评估商业模式，以及改变商业模式的通用语言，是由瑞士作家兼创业者亚历山大·奥斯特瓦德（Alexander Osterwalder）和比利时学者伊夫·皮尼厄（Yves Pigneur）联合发明的，是为精益创业研究而进行的归纳总结。

商业模式画布（图5-8）通过九个板块来解答企业的五个核心问题。

五个核心问题包括：为谁提供产品，提供什么产品，如何提供产品，企业的成本如何，企业的收益如何。这些问题是企业经营中的五个重要因素，要素之间相辅相成、互为因果，每个要素又有其他因素构成，需要经过综合慎重地思考才能确定每个因素的核心内容。

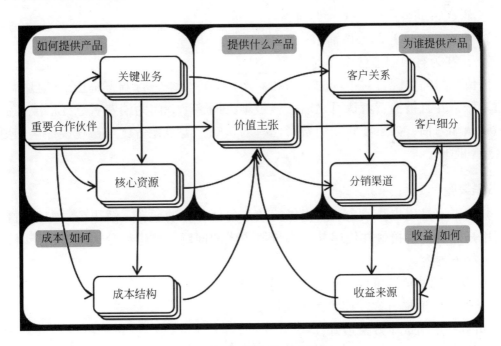

图5-8 商业模式画布

商业模式画布的每个板块中都会有成千上万种可能性和替代方案。创业者需要填写好每个板块的内容，并且选择一个最佳的综合方案，即要在某个板块中做到最好，还要兼顾其他板块的内容。例如，收益非常高但是其他板块无法支撑这样的价格，没有渠道销售给客户，无法建立与客户的关系，那么这个收益板块的内容就要进行调整。

1. 客户细分

客户细分要求创业者找出目标用户群体，或者对目标用户群体进行描述和属性分析。对目标用户群体的描述和属性分析做得越准确，市场推广的效果就会越好。随着互联网的发展，对目标用户群体的细分变得越来越重要了，寻找到有共性需求的目标用户群体会让企业的发展变得更顺畅。在进行客户细分时，要回答如下问题。

① 目标客户在哪？
② 通过什么途径获取目标客户的信息？
③ 目标客户有哪些消费习惯？
④ 目标客户使用产品的场景如何？

2. 价值主张

价值主张的核心是要向锁定的目标用户群体传递某种产品的价值，为用户创造某些价值，解决用户的某类问题。具体来说，价值主张需要清晰地说明如下问题。

① 向客户传递什么样的价值？
② 正在帮助客户解决哪一类问题？
③ 正在满足客户的哪些需求？
④ 正在为客户创造什么样的价值？

价值主张需要配合对市场的调研和对用户的理解来进行调整矫正。一旦确立了价值主张，并且被消费者认可之后，就很难去调整了。因为消费者已经形成了消费习惯和认知习惯，如果要转变消费者已有的认知，需要耗费比当初建设该认知更多的资金和时间。

3. 分销渠道

分销渠道是用户获取企业所提供的核心价值主张的通道，解决公司如何与其细分的用户进行沟通接触并传递其核心价值主张的问题。在进行分销渠道设计时，需要考虑如下内容。

① 通过哪些渠道可以接触客户细分群体？
② 哪些渠道最有效？哪些渠道占比更高？
③ 哪些渠道成本效益最好？
④ 该如何接触这些客户？如何与客户产生联系？
⑤ 多种渠道如何整合？
⑥ 如何把渠道与客户的例行程序进行整合？

4. 客户关系

客户关系主要描述企业想同目标客户建立何种关系，这决定着产品或服务的直接形态。比如，同样是将客户从 A 地送到 B 地，但是出租车公司和共享单车公司与客户建立的关系就不一样。在描述客户关系的时候，需要思考的问题包括以下几个。

① 希望与每个客户细分群体建立和保持何种关系？
② 哪些关系已经建立了？建立这些关系成本如何？
③ 建立这样的客户关系是否会影响到其他板块？
④ 不同的收入来源占总收入的比例是多少？

5. 核心资源

核心资源包括技术、资金、人才、人脉关系等，是让商业模式有效运转所必需的重要因素。因此，在分析核心资源时，需要明确支撑去做这种事情的到底是什么资源，是足够的钱、顶级的核心团队、足以颠覆行业的技术、覆盖全国的便利渠道，还是其他资源。

将核心资源一一罗列，可以帮助创业者清晰地知道哪些事情可以做，哪些事情还不能做。当然，这里所说的核心资源一定是直接掌握并可以调用的一手资源，任何二手资源都不能被当作核心资源。例如，以技术为导向的公司，如果其核心技术不掌握在创始团队或者大股东手里，而是借助别人的技术进行商业合作，那么该技术就不能被当作核心资源。

6. 关键业务

关键业务是企业进入市场时最能够体现企业核心价值主张的产品或者业务形态。有些企业可能会有很多的产品或者业务形态，但是一定会有某一项业务能够支撑企业的持续发展，而且是被消费者认知的企业核心业务。例如，麦当劳的薯条和汉堡，盛大游戏公司的游戏，阿里巴巴的淘宝，这些都是企业的关键业务。

7. 重要合作伙伴

重要合作伙伴是企业的商业模式有效运作所需的供应商与合作伙伴。重要合作伙伴包括上游的供应商和下游的渠道商。上游的供应商是影响公司产品或服务的质量、价格、产能等的核心要素。

如果没有稳固的上游供应商，企业就无法确定产品的价格、产能和供货等信息，企业的竞争力也就大打折扣。同样，如果没有下游的渠道商来进行业绩分摊，企业也没有办法提高销量，更没办法去和上游的供应商协商价格了。

8. 成本结构

成本结构是对企业运营的商业模式所产生的所有成本的描述。成本结构不仅要描述哪些成本构成了企业运营该商业模式的所需成本，还要描述这些成本分别占什么样的权重。创业者需要知道自己到底在为哪些事情支付成本，有哪些成本是必须支付的硬成本，有哪些成本是早期需要支付而后期可以减免的，又有哪些成本可以随着业务的发展而降低，这些成本支撑着哪些内容。

当创业者对成本结构有了一个清晰的认知之后，就可以针对性地降低运营成本。尤其在规模化运营之后，任何成本的降低都会直接转化为利润。例如，很多汽车制造企业在大力推广机器人，主要是由于雇用人工所产生的成本是汽车制造企业重要的成本组成部分，当使用机器人进行人员代替之后，可以大幅减少生产成本，从而使企业在车款定价方面具有更大的操作空间，直接提高了企业的竞争力。

9. 收益来源

收益来源用来描绘公司从每个客户群体中获取的收入。客户为企业提供的什么价值支付费用，什么样的价值让客户愿意付费，客户通过什么样的支付方式进行支付，是现金方式、银行转账、信用卡还是支付宝。

需要说明的是，随着电子支付方式的出现和普及，使得原本无法实现的商业模式得以实现。例如共享单车，之前用户使用预存卡的方式进行支付，大大地制约了行业的发展，而微信支付和支付宝普及使用之后，共享单车的使用和付费都变得简单易操作，大大促进了行业的发展。同时，企业要明确企业收益因何而来、如何而来、谁来支付等重要信息，清晰地知道企业现金流的流向和流程。

商业模式画布是企业创办和运营的重要工具，可以在企业的不同阶段使用，任何一个板块的变化都会带动其他板块的变化，因此这不仅仅是在创业之初需要熟悉并使用的工具。作为企业管理者或者是创业者，都需要对商业模式画布中所描述的九个板块谙熟于心。对一个企业来说，商业模式画布加上团队和资本结构就是一个企业的全部内容，可见商业模式画布的重要性。

项目实战：

共享电动汽车创业项目的商业模式和成本分析与策略

一、市场策略

对于此创业项目来说，已经明确目标客户是北上广深等一线城市中上下班没有车而需要使用车的这些人。不管把汽车作为代步工具还是为了商业使用，这群人对电动汽车，尤其是共享电动汽车的使用有需求。但是要到哪里去找到他们？如何能够从几个大城市的几千万人中找到这些有需求的人呢？

传统开拓市场的手段，或者获得客户的手段是用广告。比如，以前用电视广告，后来用互联网广告，现在出现了很多自媒体，通过微信、微博或者QQ群等各种方式，就能够把对产品有基本需求的客户给筛选出来。

在该项目实战中，可以用什么样的市场策略找到这些人呢？可以通过不同的产品体系，尤其是前端的一些产品，通过免费的方式让一些客户获得产品体验，这样能够把对产品有需求的客户筛选出来。同时，还可以推出一种类似免费体验周或者免费体验日的节日性营销策略，通过自媒体或者人们喜欢的一些节目和广播，或者在办公的区域内以楼宇广告等方式，把信息传递出去，能够让一些人知道有免费体验周或者免费体验日的服务，可能就有人愿意去体验，这个过程就是获得客户的过程。实际上，市场策略就是从茫茫的人海中，把对产品有需求的这些人给筛选出来。

二、市场空间

市场空间是指企业能够得到的市场有多大。一般会根据以下几个层面具体分析市场空间。

第一个层面是广义的市场。比如北上广深这四个城市，现有人口加起来可能将近1个亿。在近1亿的人口中，除去有车的或不需要用车的人群，以上班族、职业人群来估算的话，可能有2000万人有用车需求，意味着该产品有2000万的市场空间。这四个城市的上班族有这么多人，这是不是现在这个项目需要的市场，或者是它能切入的市场空间呢？其实不是，因为这是一个广义的市场。

第二个层面是狭义的市场。从广义的市场里边再进一步地去分析，没有车或者是上班过程中需要用车的这些人是狭义的市场空间，即从刚才筛选出来的这2000万的人里，需要再进一步细分。因为上班族里有一部分人已经自己有车了，还有一部分人与办公场所的距离很近，或者公交能够直接到达，下了公交车以后距离办公场所非常近，根本不需要用车。这样的话，2000万中有很多人根本就不需要用车，又去掉了一部分人。假设这一部分人去掉以后，只剩下500万人是需要用车的人，他们需要用一种其他的方式来获得汽车，这就是需要分析的狭义的市场。

第三个层面是能够得着的市场。通过公司相关部门所掌握的媒体资源和宣传通道能够得到的人，这个才是对本项目真正有意义的市场空间。比如，在北京，通过交通广播的宣传而覆盖到的人中，没有车但在听广播的人才是真正符合市场的目标客户人群。通过这种方式进一步筛选，可能只有50万人，这个群体是能够得着的市场空间。

显然，50万人的市场空间，才可以作为计算未来市场空间的一个基础。北上广深这四个城市，虽然总共可能有将近1亿人的规模，但从1亿人中筛选出来的可以够得到的市场空间是50万人，这是可以切入的市场空间。所以，对于该项目实战来说，50万人才是真正有意义的市场空间。

三、营销策略

产品有了，目标客户也找到了，接下来就是如何把产品送达到客户手中。如何获得客户的订单，也就是怎么能够与客户建立合作关系。例如，当客户下载一个共享单车的 App 并进行注册后，就相当于公司与客户建立了合作关系。客户注册的过程，实际上就相当于签约的过程。签约后，客户在网上去寻找车，找到车以后进行支付，支付完后去使用车，实现合作关系。在项目实战中，共享电动汽车有如下几个层面的营销策略问题。

首先是软件设计的问题。企业需要设计一个小程序或者设计一个 App 实现实名注册，然后就可以实现网上签约，签约完成后这个客户就成为签约客户了。

其次是提供车辆的问题。在北上广深这些城市，企业要考虑把车投放到什么范围。作为消费者来说，需要能够在办公场所附近方便地找到车，就像共享单车一样。企业要考虑车铺设的密度，如果没有一定的密度，消费者可能用软件根本找不着车，对于消费者来讲就没有意义。若很难找到车，消费者的使用体验会比较差，可能会放弃使用该产品。所以，要先在一定的范围内进行试点，然后测试共享电动汽车的密度，得出合适的投放密度再顺利推进产品。

最后，从另外一个角度来考虑，投放密度又与成本有直接的关系。比如，在北京，汽车的活动半径可以达到上百公里。如果消费者开出去，共享电动汽车也有可能到一百公里之外的目的地后就不回来了。如何将车收回，对于企业来说是一个很大的难题。到底一开始应该投放多少辆车，投放在什么范围内，这些很难判断，因为很难限定消费者的使用半径、使用范围。共享单车之所以能够限定这些，是因为共享单车骑行的距离一般不会太远。对于极个别被骑得比较远、比较偏的地方的车辆，企业采取了一种抢红包的方式，让消费者主动骑回来。对于汽车来说，用红包是否可行，可行的话用多大的红包才能激发消费者将车开回来，都是需要考虑的问题。同时，如果投放密度太低了，消费者的体验感就会不好，即使其下载了软件，也注册过了，也有可能会出现根本找不到车的尴尬局面。所以共享电动汽车的投放范围、使用方式，都是需要企业认真考虑的营销策略问题。

四、商业盈利能力

商业盈利能力主要看盈利的机会或者收费的项目。作为共享电动汽车实战项目，其盈利能力基本上涉及以下几种。

第一，押金。一般来讲，一个纯电动汽车少说也要几万块钱，所以需要收取一定的押金。因为汽车有一定的价值，与共享单车相比它的价值要大得多。押金是一项收入，但押金是要退还给消费者的，不能作为持续稳定的收入，不能记作企业收入。但其作为一种收费的方式，有可能成为一种资金池。

第二，租金。要想使用共享汽车，消费者必然要付一定的租金。具体的租金需要根据北上广深这四个城市消费者的消费能力，有一个基本的定价。比如按公里数定价，规定每公里多少钱，或者按月定价，规定每月租赁需要多少租费，会有不同的定价方式。比如，按公里数定价可能比现在的出租车要便宜，现在北京出租车的基本单价是 2.3 元每公里，那共享电动汽车要定到 2 元每公里，或者定到 1.5 元每公里，这样才有竞争优势。否则大家直接去打出租车就好了，没必要租共享电动汽车。这是第二种收费的机会。

第三，通过对汽车重新定义，它已经变成了一个移动的办公空间，或者是移动的自媒体。在车上会有很多的广告空间，不管是在大屏上还是在广播里，或者在存储卡上，车载的多媒体就变成了一个自媒体。甚至车和车之间也可以进行一些信息的沟通，相当于未来的共享电动汽车会变成一个圈子，圈子内的人可以进行社交。通过开展类似于移动的商学院或者移动的产品发布会等，能够给第三方创造获得商业价值的机会。因为共享电动汽车具有广告的功能与自媒体的功能，此时就可以按照传统的媒体或者一些活动、展览进行收费。这是第三种收费的机会。

第四，一些其他的增值服务。共享电动汽车针对的是上班族，就要研究上班族的一些增值服务需求。比如为他们提供学历提升、出国、旅游等信息服务。

第五，保险费用收益。对于消费者来说，既然在车上就意味着有可能会出现一些交通事故，或者说有可能受到人身伤害。在使用共享汽车时，可以让消费者购买一定额度的保险，这也是一种收费的机会。

目前，这五个可以收费或增值的机会就是盈利机会。

五、产品生命周期

作为共享电动汽车，类似于滴滴这种服务模式或者产品形态，可能有一定的生命周期。但是，随着未来无人驾驶车技术的成熟，需要靠人驾驶的这种共享电动汽车会受到一定的挑战。因为未来打车会更方便，无人驾驶车就相当于现在有人驾驶的出租车，可以根据客户的订单要求自动上门服务。

所以，当无人驾驶的技术成熟了，或者无人驾驶车准许上路了，甚至有一定的保有量的时候，共享电动汽车可能就会受到挑战，甚至被淘汰出市场。在这个过程中，汽车厂商也要研究无人驾驶车的服务，甚至有可能由汽车厂商进行更新迭代，把需要人驾驶的车逐渐地改造或者替换成无人驾驶车，这样产品的生命周期就可能延续。所以任何一款产品都有它的生命周期，推出的这种共享电动汽车也会有它的生命周期。

六、成本分析与策略

任何一个创业项目都有它的成本，在分析了收入情况后，还要分析成本，即在哪些地方要花钱。计算出收入与成本之间的差价，才能知道这种创业项目真正的盈利能力，进而确定该项目是不是一种具备可持续发展的、可盈利的项目。

从成本上来讲，包括这几种成本：设计成本、制造成本、营销成本、管理成本，也许还有其他的成本。

1. 设计成本

纯电动的出租车，或者说共享的纯电动出租车，包含以下几个方面的设计。

（1）车本身的设计。共享电动汽车要对汽车的位置有一个准确的定位，即车上必须有定位系统，而且不管车是在启动还是熄火的状态下，都能够与定位系统进行联系，能够随时找到这个车的位置，否则消费者就没有办法找到车。这是共享电动汽车的一个基本功能。另外是车的使用性能，比如电量的提醒或者充电桩的提醒也需要进行设计，这都构成了设计成本。

（2）车结构的设计。既然要重新定义共享汽车，把它变成一个移动的办公空间、娱乐空间、移动媒体，这个时候车上的一些结构设计也需要做一些调整。比如屏幕，除了主驾驶看到的屏幕以外，副驾驶或者乘客能够看到的屏幕也要加大或者增设。既然车变成了一个媒体，要占用消费者的时间，就要增加一些媒体设施。

（3）充电桩的设计。共享的充电桩是可以使用的，还有一些私人的充电桩如果也可以共享使用，就意味着将来充电会更方便。比如，当车开到小区里时正好有时间充电，用车者可以在小区里找一个闲置的、私人的充电桩进行充电。这需要采用一种机制，比如付费，除了基本的电费以外，还可以给私人充电桩持有者一定的奖励。当然，这些模式在将来可能会遇到很多问题，这些模式也是产品设计的一部分内容，也是降低成本的一种策略。

2. 制造成本

若是一个汽车厂商来制造共享电动汽车，需要根据车的不同用途，对制造成本进行测算。比如共享电动汽车作为上下班代步工具，可以提供基本的交通功能和媒体功能，其他功能全部略去，这样就会降低制造成本。

同时，为了减少库存，还要考虑车生产出来以后是否马上可以投放、投放在哪儿、投放量是多大等，要有一个很明确的预测。这样不仅能降低库存，也能降低制造成本。

3. 营销成本

在初期的时候，营销成本可能会比较大。因为一个新鲜的事物出现之前企业需要对市场进行调研，这必然会产生一定的营销成本。营销成本的构成之一是广告成本，还有营销材料的制造，以及营销活动的组织，这些都需要花钱。

降低营销成本有很多种办法。一种办法就是利用自媒体，或者利用消费者自动传播、"病毒"式传播。比如，滴滴和共享单车当时都推出了一种营销模式，即让消费者去拉消费者，一个已注册用户如果推荐一个新的用户注册，就可以给这个推荐注册的用户数额不等的奖励，或者给其一定的租金折扣。通过这种激励，把消费者的积极性给调动起来，可以让消费者周围的亲戚朋友或者需要用车的人注册，这也是让消费者进行主动营销的一种方式。

4. 管理成本

管理成本主要是对车的管理，要动态地检测它的使用情况，检测车有没有损坏，或者说有没有被人错误操作。同时，共享电动汽车出现了以后，汽车的维修和保养需要汽车厂商自行处理，这也是管理成本。

七、团队成员和分工

一个新兴的产品需要一个核心的创业团队。在这个过程中，可以从原有的汽车企业里挑选一部分骨干，然后以成立新公司的方式来组建核心团队。同时，还要结合业务的特点去匹配团队成员。首先，要有技术成员，他们要对汽车或者对纯电动出租车非常熟悉，这样在将来的设计或者使用过程中，他们会有一定的发言权。其次，要引入对互联网营销模式非常有经验的人，比如从现在的IT部门或者外面聘请，找到一些对互联网营销模式非常熟悉的人。甚至可以从各大媒体的汽车频道找一个对互联网汽车有概念，对汽车联网或者对无人驾驶这些新的趋势有充分的认识和理解的成员，为共享电动汽车这种新的模式提供一个支撑。最后，寻找有经验的营销人员。共享电动汽车作为一种新型的营销模式，可以从滴滴、摩拜等公司出来的有经验的人中选，构建新的核心团队，团队成员为5～7人，包括懂技术的、营销的、互联网的、共享经济的、资本的，这些成员共同构成一个共享电动汽车公司的核心团队，是一个比较理想的团队。

在经营过程中，为了更好地激励团队成员，可以采用股权激励等办法。在创业过程中，会遇到各种各样的问题，也会面临各种各样的挑战。当遇到问题和挑战的时候，可能会有一些人动摇，对自己的业务失去信心，也有可能面对更大的诱惑而跳槽。尤其在共享经济的趋势下，会有很多新的模式出现，要将骨干成员或员工留下来，股权激励是一种很好的方式。因此，核心团队一开始就要设计一定的股权分配机制，对于一些骨干员工，也可以设计一定的期权。比如，可以将70%的股份留给现在的骨干员工，30%的股份留给未来的引进人才或者有特殊贡献的一些人等。

除了股权以外，还可以让这些骨干员工看到这种新模式的未来潜力，或者通过创业梦想、企业愿景让这些骨干员工还有团队成员树立对项目的信心，这些都是稳定人才的方法。

第四节 融资方法

融资主要是指资金的融入，也就是资金来源。它具体是指企业根据自身的生产经营状况、资金拥有状况、未来经营发展的需要等，通过科学的预测和决策，采用一定的渠道和方式，以一定的经济利益付出为代价，从资金持有者、债权人或者金融市场上筹集资金，满足资金使用者在经济活动中的资金需要的一种经济行为。

一、融资渠道

融资渠道即企业筹措资金的方向和通道，体现了资金的来源和流量。快速、高效地筹集到资金是创业成功至关重要的因素。融资的渠道有很多，归纳起来主要有债权融资、股权融资、企业内部融资、上市融资、贸易融资、项目融资、政策性融资、公益创业基金等类型。

1. 债权融资

债权融资是指企业通过借钱的方式来获取融资。债权融资的资金提供方是不以投资者的身份，而以债权的形式进入资金需求方的企业和个人，债权人从某种程度上讲不分享企业的利润，只获取固定的利息收益。企业获得的银行贷款就是债权融资，银行贷款必须还本付息。在这种融资形式下，企业的利润再多、回报率再高都跟银行无关，银行也不承担企业的任何风险。目前国内普遍采用的债权融资主要有国内银行贷款、民间借贷融资、亲情融资、企业发行债权融资、信用担保融资、租赁融资和国外银行贷款等，此处仅介绍前三种。

（1）国内银行贷款

银行贷款被誉为创业融资的"蓄水池"，是指银行以一定的利率将资金贷给资金需要者，资金需要者按约定期限归还的一种经济行为。银行财力雄厚且大多具有政府背景，在创业者中很有"群众基础"。银行贷款有信用贷款、担保贷款、抵押贷款、贴现贷款等。

优势：银行财力雄厚，利息支出可以在税前抵扣，融资成本低，运营良好的企业在债务到期时可以续贷。

劣势：需要经过许多"门坎"，手续繁琐，任何一个环节都不能出问题，一般要提供抵押（担保）品，还要有不低于30%的自筹资金。由于要按期还本付息，如果企业经营状况不好，就有可能导致债务危机。

（2）民间借贷融资

民间借贷是指公民之间、公民与法人之间、公民与其他组织之间的借贷。对于创业来讲，就是指创业者（企业）与其他公民、企业、金融机构（含投资、典当、抵押等）以及其他组织之间的资金借贷行为。需要指出的是，民间借贷必须严格遵守国家法律、行政法规的有关规定，遵循自愿互助、诚实信用原则。目前我国民间借贷种类有低利率的互助式借款、利率水平较高的信用贷款、不规范的中介借款、变相的企业内部融资等。

优势：手续简便、随需随借、条件低、资金使用效率较高，而且可以吸引社会闲散资金，在一定程度上缓解了银行信贷资金的不足。

劣势：由于法律不明确、体制不完善等原因，部分民间借贷处于非法状态或失控状态，存在不法分子放超高利贷和进行金融诈骗的现象；投资比较盲目，风险系数大；借贷手续相对简单，也易出现纠纷。

（3）亲情融资

亲情融资是成本最低的创业"贷款"，即向家庭成员或亲朋好友筹款的行为。

这种形式是个人筹集创业启动资金最常见、最简单而且最有效的途径，它属于负债筹资的一种方式。需要注意的是，在借款时一定要写借条，并约定还款时间、违约责任等。

优势：向亲友借钱一般不需要承担利息，也就是说向亲友借钱没有资金成本，只在借钱和还钱时增加现金的流入和流出；筹措资金速度快、风险小、成本低。

劣势：向亲友借钱创业，会给亲友带来资金风险，甚至是资金损失，如果创业失败还会影响双方感情，甚至出现家庭亲情危机。

2. 股权融资

股权融资是指企业的股东愿意出让部分企业所有权，通过企业增资引进新股东的融资方式。股权融资所获得的资金，企业无须还本付息，新股东将与老股东同样分享企业的盈利与增长。以股权融资为主的融资方法主要有产权交易融资、股权出让融资、增资扩股融资（含集资和私募）、风险投资、天使投资、合伙融资、众筹融资等，此处仅介绍四种。

（1）股权出让融资

股权出让融资是指企业出让部分企业股权，以筹集企业所需要的资金。按照股权出让价格可以分为溢价、平价、折价出让股权；按照出让企业股权比例可以分为出让企业全部、大部分、少部分股权。对于那些想完全掌握企业控制权、完全占有企业权益、完全支配企业的生产经营企业来说，股权出让融资并非是一种合适的融资方式。

（2）风险投资

广义的风险投资泛指一切具有高风险、高潜在收益的投资；狭义的风险投资是指以高新技术为基础，生产与经营技术密集型产品的投资。风险投资需要创业者通过出售自己的一部分股权给风险投资者才能获得一笔资金，用于发展企业、开拓市场。当企业发展到一定规模时，风险投资者可以卖出自己拥有的企业股权获取收益，许多创业者就是利用风险投资使企业度过初创阶段。

优势：有利于科技含量高、创新商业模式运营、团队背景豪华、现金流良好、发展迅猛的有关项目融资。

劣势：融资项目局限性较强，更多关注的是创业企业的盈利模式和创业者本人，常人很难获得风险投资家的青睐。

（3）天使投资

天使投资是自由投资者或非正式风险投资机构，对处于构思状态的原创项目或小型初创企业进行的一次性前期投资。

优势：民间资本的投资操作程序较为简单，融资速度快，门槛也较低。

劣势：很多民间投资者在投资的时候总想控股，因此容易与创业者发生一些矛盾。

（4）众筹融资

众筹融资是募资人通过平台向众多个人投资者募集小额项目资金的模式。众筹常利用互联网和SNS（社会性网络服务）传播的特性，让小企业、艺术家或个人对公众或者朋友展示他们的创意，争取大家的关注和支持，进而获得所需要的资金援助。

优势：创业门槛较低；投资者打动消费者，降低了创业的成本与风险；众筹也是一个不错的广告平台。

劣势：如果消费者大量融资，可能会存在一定的生产压力；与传统创业投资相比，众筹缺乏创业指导；众筹平台上的投资者不够专一。

3. 企业内部融资

企业内部融资是将自己的储蓄（留存盈利和折旧）转化为投资的过程，是企业依靠其内部积累进行的融资。其主要形式有留存盈余融资、应收账款融资、票据贴现融资、资产典当融资、商业信用融资等。

4. 上市融资

上市融资就是企业通过上市来融通资金。即将企业的全部资本等额划分，表现为股票形式，经批准后上市流通，公开发行。由投资者直接购买，短时间内可筹集到巨额资金。

5. 贸易融资

贸易融资是指在商品交易过程中，运用短期性结构融资工具，基于商品交易中的存货、预付款、应收款等资产的融资。这种形式主要有国际贸易融资、补偿贸易融资等形式。

6. 项目融资

项目融资是以特定项目的资产、预期收益或权益作为抵押而取得的一种无追索权或有限追索权的融资或贷款。该融资方式一般应用于现金流量稳定的发电、道路、铁路、机场、桥梁等大型基建项目，且应用领域逐渐扩大，主要有BOT（Build-Operate-Transfer）项目融资、项目包装融资和IFC（国际金融公司）国际投资等形式。

7. 政策性融资

政策性融资是根据国家的政策，以政府信用为担保，由政策性银行或其他银行对一定的项目提供的金融支持。这种融资主要以低利率甚至无息贷款的形式进行，针对性强，发挥的金融作用强。政策性融资适用于具有行业或产业优势、技术含量高、有自主知识产权或符合国家产业政策的项目。比如科技型中小企业技术创新基金、中小企业发展专项资金、中小企业国际市场开拓资金。

优势：利用政府资金，不用担心投资者的信用问题；政府的投资一般都是免费的，降低或者免除了融资成本。

劣势：申请创业基金有严格程序要求；政府每年的投入有限，融资者需面对其他融资者的竞争。

8. 公益创业基金

公益创业基金是指由公益性社会组织、企业或高校设立的面向全社会或特殊群体的创业基金。该基金一般没有任何利息，但对申请者的条件审核严格。比如高校创业基金和各省、各地级市创业促进会的创业基金等。

二、创业企业的融资策略

1. 不同类型的创业企业融资策略

① 制造业创业企业。其大多数处于劳动密集型的传统行业，从业人员多，劳动耗费所占比重大，产品附加值低，资本密集度小，技术含量不高，一般投资收益率较低，但资金需求也相对较小。这种类型的企业融资大多数要依赖信贷资金，直接融资难度较大。

② 高科技创业企业。其具有高投入、高成长、高回报和高风险的特征。其资金来源主要是"天使投资"和各种"风险投资"，性质多数属于权益资金。

③ 服务业创业企业。其资金需求主要是存货占用的流动资金和促销活动上的经营性开支。其资金需求数量小、频率高、周期短、随机性大，但风险也相对较小，主要融资方向是中小型商业银行贷款。

④ 社区创业企业。其包括街道手工业、公益组织等，具有一定的社会公益性。因此，这类创业融资比较容易获得政府的扶持性资金。另外，社区共同集资也是一个重要的资金来源。

2. 不同发展阶段的创业企业融资策略

① 种子期。处于该阶段的创业企业可能只有一个创意或一项尚停留在实验室的科研创业项目，所需资金不多，应主要靠自有资金、亲朋借贷、吸引天使投资者来融资，也可向政府寻求资助。

② 创建期。该阶段的初创企业需要一定的"门槛资金"，主要用于购买机器、厂房、办公设备、生产资料，以及供后续研究开发和初期销售等，所需资金往往较大。由于初创企业没有经营和信用记录，从银行申请贷款的可能性甚小。这一阶段的融资重点是吸引股权性的机构进行风险投资。

③ 生存期。该阶段的产品刚投入市场时，需要大量的资金用于市场推广，现

金的流出经常大于流入。此阶段的企业要充分利用负债融资，同时还需要通过融资组合多方筹集资金。

④ 扩张期。该阶段企业已经具有一定的规模，拥有较稳定的客户和供应商，以及良好的信用记录，利用银行贷款或信用融资已比较容易。但由于发展迅速，企业需要大量资金以进一步进行开发和市场营销。为此，企业要在债务融资的同时，进行增资扩股，并为上市做好准备。

⑤ 成熟期。该阶段企业占有一定的市场份额，已有较稳定的现金流，对外部资金的需求不再特别迫切。此时融资的工作重点是完成股票的公开发行及上市工作。

3. 不同资金需求特点的创业企业融资策略

① 资金需求的规模较小时，可以利用员工集资、商业信用融资及典当融资；规模较大时，可以吸引权益投资或银行贷款。

② 资金需求的期限较短时，可以选择短期拆借、商业信用及民间借贷；期限较长时，可以选择银行贷款、融资租赁或股权出让。

③ 资金成本承受能力低时，可以选择股权出让或银行贷款；承受能力强时，可以选择短期拆借、典当及商业信用融资等。

三、融资风险的规避

1. 注重选择金融机构和提升企业信誉

选择金融机构时，应重点考虑：对本企业的发展感兴趣并愿意投资的金融机构；能提供经营指导的金融机构；分支机构多、交易方便的金融机构；资金充足、费用较低的金融机构；员工素质好、职业道德良好的金融机构；等等。

在融资时，创业企业要以实绩和信誉来赢得金融机构的信任和支持，包括与金融机构保持良好的关系；主动与合作的金融机构沟通企业的经营方针、发展计划及财务状况；说明遇到的困难，以减少信息不对称而产生的问题，赢得投资者的信任，而不应以各种违法或不正当的手段套取资金。

2. 理性看待融资

融资过多未必是好事，融资额要看市场竞争环境的变化和业务发展的需要，没有一定之规，既不是越多越好，也不是越少越好。要根据企业的实际情况进行判断。《硅谷著名 VC：拿聪明的钱，融资过多未必是好事》一文中曾描述：那些大笔融资会让创业者失去了控制，通常，这种状况所导致的后果也都是灾难性的。烧钱的速度比绝大多数创业者所想象的还要快，钱不是纸，而是浸在汽油里的纸，一点就着。

> **项目实战:**

共享电动汽车创业项目的融资计划

在现有共享经济形式下,作为共享电动汽车项目,一定要有融资计划。融资计划可分成三个方面:一是融资的额度;二是资金的用途;三是资金风险的防控。

一、融资的额度

融资的额度会根据融资的不同阶段而定。初期投放时,比如在一定范围内投放 1000 台车,要核算一下大概需要几千万的资金量,通过股权释放,融资 5000 万元作为初始资金,再加上企业自有的资金或者其他资金,这样就可以启动市场。当然,作为这个项目来讲,要想让投资者愿意投,就要让投资者看到这样的模式是具有潜力的。在早期还不太好估值,主要因为它是基于未来市场的一种估值。基于这种新模式,未来的市场空间会非常大。通过前面分析的北上广深这些城市的市场,它可以先以 10 亿元的估值出让 5% 的股权,融资 5000 万元,这是一个初期的融资计划。当然,具体来讲还可以有一些其他的算法或者估值方法。

二、资金的用途

从早期来说,资金的用途主要是车辆的投放和市场宣传。因为对汽车厂商来讲,车辆投放可以用自有资金去承担一部分。所以初期融资的 5000 万元,可能有 3000 万元用于汽车制造,即固定资产的投资。其次就是市场宣传的投入,即媒体宣传或者获得客户的成本。不管用奖励的方式让消费者自己去找消费者,还是通过媒体广告的方式宣传,可能需要 1500 万元左右。最后,还有 500 万元可用于员工的工资或研发方面,因为不管是产品设计还是商业模式的设计,前端都需要研发,在研发方面需要有一定的投入。

三、资金风险的防控

从资金风险的防控来讲,本项目是有固定资产的投资项目,投资的一大部分用在汽车上了,因为车本身是有价值的,它也可以用于抵押,甚至也可以抵押去贷款。所以出现资金链断裂,或者现金流出现问题的时候,可以通过抵押去贷款。同时,汽车押金的收入有一定的资金量,这样通过押金收入也可以减轻资金链的压力。

第五节　商业计划书

商业计划书(Business Plan,BP)是指拟创企业或在创企业为实现一定的商业目标,根据一定的格式和内容的要求,编制的展示目前状况、未来发展潜力的文本材料。计划书也叫行路图（Road Map），需回答三个问题，即企业现在在哪里、将去哪里和如何到达那里，需要设定企业在一段时期内的目标及其实现计划，这个计划通常持续3年、5年甚至10年时间。

通俗地讲，商业计划书就像是一篇论文，论点是将想做的这件事做大做强并产生很好的前景，而论据是什么团队在什么情况下以什么方式做好这件事，所有的论据都是为了正确地论证论点。撰写者要做的事情就是找到对正确论证论点最有利的论据，当然这些论据是大家都认可的论据，有一定的科学依据和运行逻辑，不是编纂或者捏造出的论据。

从商业角度看，商业计划书也可以看作是在描述一个商业故事。这个商业故事可以用四个"正确"来概括，即"正确的人，在正确的时机，以正确的方法，在做一件正确的事情"。

一、商业计划书的类型

作为一份文本，商业计划书最终要解决如何使企业有益发展的问题，其价值体现在实际的用途上。从用途的角度可以将商业计划书分为规划企业发展、寻找合作伙伴、申请银行贷款、争取政府支持、争取风险资金、参加创业大赛等各类商业计划书。

1. 作为规划企业发展的商业计划书

伴随经济发展的社会化、现代化进程，以及宏观经济的急剧变化，客观上要求企业具有长远的战略观点，编制的商业计划书可作为企业若干年发展的规划指南。

2. 作为寻找合作伙伴的商业计划书

企业有时需要吸引合作伙伴加盟，吸引一个合伙人的难度应该不亚于融资，合作伙伴肯定要对公司进行详细的了解，了解公司的过去、现在和未来，这时候商业计划书就成了一个最合适的文件。引进高管也是一样的道理。

3. 作为申请银行贷款的商业计划书

企业为了生产经营的需要，向银行贷款，而银行一般只要求贷款的企业提供过去和现在的财务报表。对银行来讲，初创企业的经营风险太大，为这类企业提供贷款，银行一般也要求创业者先提供商业计划书来进行综合审核。

4. 作为争取政府支持的商业计划书

目前，政府在扶持创业方面出台了一系列政策，设置了专项扶持资金、贷款、无息借款、奖励等，申领时需按要求提交相应的商业计划书，作为必要的文件。

5. 作为争取风险资金的商业计划书

商业计划书是吸引投资者关注的敲门砖，投资者或机构一般都要求创业者提供商业计划书，并对计划书进行评价和筛选。通过对团队组建、商业模式、未来市场进行综合评估，选择最有发展潜力的企业进行投资。

6. 作为参加创业大赛的商业计划书

目前，由政府、企业、社会组织、高校举办的各种创业大赛很多，企业参加大赛时，需根据大赛要求提供符合条件的商业计划书。

二、商业计划书的作用

1. 商业计划书有利于企业内部资源的发掘

① 梳理作用。撰写商业计划书时，会综合考虑市场、客户、团队、资金、产品、技术、销售、渠道、合作伙伴、成本、利润等因素，是一个复盘现状、规划今后发展的过程。通过编制商业计划书，可以帮助创业者或企业整理思路，把之前零散的、不成体系的想法和观点系统化、逻辑化，梳理出一条适合企业发展的主线，并以此为基础制订发展的战略。

② 指导作用。撰写商业计划书需要对所从事或拟从事的项目进行全面的梳理和评估，明确创业的可行性和创业战略，确定近期、中期和远期各个阶段的具体目标，得出一个尽可能接近现实的发展规划和实施计划。完整的商业计划书可作为企业发展的灵魂与纲领，还可作为企业管理和操作的行动指南，指引企业发展方向、明确企业业务领域、指导企业资源配置、指明企业发展策略和发展措施等，从而成为指导企业尽可能完成所制订的目标规划、计划的里程碑式的重要文档。

③ 激励作用。创业者作为商业计划书的作者，也是第一读者和应用者，撰写的结果是创业者和其团队共同的智慧结晶。商业计划书的撰写和内部宣讲，能使团队在一个清晰明确的方向下努力工作，可激励和鼓舞创业者、员工与企业建立共同的愿景，使员工对企业产生归属感，从而全身心地投入工作。

2. 商业计划书有利于企业外部资源的整合

① 宣传作用。一份完整的商业计划书展示的是创业者（团队）的综合能力，包括对市场的理解、对产品的定位、对客户的分析、对团队的把控和号召力、对未来的判断等，正是这样的综合能力成为商业计划书中所描述的商业故事的最好注脚。通过参加大赛、路演等活动而产生的精致的内容、详实的资料、准确的判断、清晰的逻辑都是对企业和团队最好的展示，以便在主办者、参与者之间宣传自己，甚至在消费者心目中留下深刻的印象。

② 推销作用。作为沟通的工具，精心准备的商业计划书是最好的推销材料，

是吸引银行、政府、投资者（机构）关注的敲门砖。优秀的团队、清晰的商业模式、不可估量的未来市场等，都可能是吸引投资者关注的重要因素，可促进双方进一步有效沟通。

三、商业计划书的撰写

1. 商业计划书的编制原则

① 总体原则。商业计划书写作过程中要遵守循序渐进、开门见山、清晰明了、观点客观、通俗易懂、前后一致、突出优势、市场导向明确的总体原则。

② 内容原则。商业计划书的内容应尽可能的详实，以便为潜在的投资者描绘一个完整的企业发展蓝图，使他们对企业有所了解，并帮助创业者深化对经营的思考。

③ 适用原则。商业计划书作为根据企业的成长和商务活动的发展而不断变化的、灵活的、有弹性的文件和企业发展的蓝图，应具有企业运作、经营、管理和被资本化等具体的适用性。

2. 商业计划书的重点

商业计划书的"读者是谁"，常常会影响到商业计划书的实际内容和焦点问题，创业者首先必须明确计划书主要是给谁阅读，然后充分考虑这个读者或这几个读者对哪些问题感兴趣。因此，在撰写时创业者必须从自身、市场、投资者、政府、评委等不同的角度进行广泛而深入的思考，以确定商业计划书的重点。

① 创业者的角度。创业者比任何人都了解企业的创造力和技术，必须清晰地表达出企业经营什么，有什么特色，有什么产品优势。

② 市场的角度。创业者必须以用户的眼光来审视企业的经营运作，采取以用户为导向的市场营销策略；必须进行大量的市场调查工作，或聘请市场营销专家作为顾问。

③ 投资者的角度。投资者包括银行和风险投资者等，创业者要用投资者的眼光来考察企业的生产经营。一般而言，投资者往往特别关注计划中的财务规划，若创业者不具有财务分析和预测的能力，应聘请财务专家作为顾问。

④ 政府的角度。政府除了关注商业计划书的可行性外，更关注企业是否属于重点领域，是否符合国家或地区相关政策的规划，是否有利于国民经济的发展，是否能促进社会进步和提高人民生活质量等。

⑤ 评委的角度。不同的比赛，评委所关注的重点有所区别，比如"创青春"全国大学生创业大赛比较关注的是创新性、技术性等，而地方政府所举办的创业大赛可能更关注盈利性、推广性、影响性等。

3. 商业计划书的格式和写作要点

（1）书写格式和要点

商业计划书通常包括封面、保密要求、目录、摘要、正文、附录等六部分。

① 封面，可以放一张企业项目或产品的彩图，但需要留出足够的版面排列以下内容：企业名称、联系方式、联系人、日期等。

② 保密要求，可放在封面或次页，主要是要求投资者或者阅览者妥善保管商业计划书，未经编制计划书的企业或个人的同意，不得向第三方公开商业计划书涉及的商业秘密。

③ 目录，主要是为了便于阅览，需要标明各部分内容及页码，同时注意确认目录页码同内容的一致性。

④ 摘要，是为了吸引战略合伙人、投资者或评委的注意而从商业计划书中提炼出来的核心内容，是整个商业计划书的精华。因此，摘要部分要反复推敲，力求精益求精，语句清晰流畅而富有感染力，以简洁和可信的方式强调创业经营的要点，要特别说明本企业的不同之处以及企业成功的因素等。

⑤ 正文，是商业计划书的主体部分，一般要分别从企业概况、管理团队、产品（服务）、商业或收入模式、行业或市场分析预测、市场营销策略、生产计划、财务分析与预测、融资计划、风险分析等方面进行介绍，要求既有丰富的数据资料使人信服，又要突出重点，实事求是。

⑥ 附录，主要是对商业计划书中涉及的一些问题的细节和相关的证书、图表进行描述或证明。如营业执照副本、董事会名单、公司章程、产品说明书、市场调查资料、专利证书、鉴定报告、注册商标、附图（企业组织结构图、工艺流程图、产品展示图、项目选址图、产品销售预测图等）、附表（产品目录、主要客户名单、主要供应商和经销商名单、主要设备清单、市场调查表、现金流量表、资产负债表、损益表）等。附录将与商业计划书的主体部分一起装订成册，备查资料只需列出清单，方便有投资意向的投资者查询。

（2）正文的写作要点

① 企业概况，是创业企业或创业者拟定的企业总体情况，在此部分需要明确阐述创业背景和发展的立足点，讲清楚企业的主要任务、形式、目标、背景、关键因素，讲清楚用什么战略达到这些目的，以及企业的股权结构。

② 管理团队介绍，本部分应对公司管理的主要情况作一个全面的介绍，包括主要股东、董事和其他主要管理人员的职权，以及关键的外部顾问等情况。此外，还要对公司组织结构作简要介绍，包括公司组织结构图，各部门功能与责任（工作描述、职务分析、任用标准），各部门负责人和主要成员，相关制度如薪酬体系、绩效考评制度、培训和奖惩制度等。

③ 产品（服务）介绍，本部分包括产品的名称、特性和性能用途；产品生命周期所处的阶段和市场竞争力情况；产品的研究和开发过程；产品的技术改进、更

新换代的情况,或新产品的研发计划及相应的成本;产品的市场前景预测;产品的品牌和专利。

④ 商业、收入模式,本部分主要描述清楚企业为什么样的客户提供什么样的服务并获得什么样的收入。要明确的是,越简单的商业模式越容易执行,团队成员也越容易理解。

⑤ 行业、市场分析预测,其中行业分析主要介绍行业发展趋势、行业发展中存在的问题、国家有关政策、市场容量、市场竞争情况、行业主要盈利模式、市场策略等。市场分析主要介绍竞争环境、竞争对手、目标市场、未来市场走向、企业在市场竞争中的地位、细分市场、预计市场份额等。

⑥ 市场营销策略,本部分要讨论不同营销渠道的利弊,明确专门负责销售的企业和使用的促销工具,以及明确促销目标的实现方式和支出的具体经费,包括市场机构和营销渠道的选择、价格、促销方式、销售网络等。

⑦ 生产计划,本部分旨在描述产品的生产经营情况,应尽可能地把新产品的生产制造及经营过程展示出来。为了增大企业的评估价值,应尽量使生产制造计划详细、可靠。

⑧ 财务分析与预测,本部分包括公司过去若干年的财务状况分析、今后三年的发展预测以及详细的投资计划。从投资的角度讲,这部分内容是决定投资决策的关键因素之一。由于财务分析与预测在公司经营管理中的重要地位,企业需要花费较多的精力来作具体分析,必要时最好与专家顾问进行商讨。

⑨ 融资计划,本部分主要是根据企业的经营计划确定企业资金需求量,融资的方式、工具,投资者的权益、财务收益及其资金安全保证,投资退出方式,等等。这一部分是对资金供求双方共同合作前景的计划分析。企业既要对融资的需求、用途提出令人信服的理由,又要有令人心动的投资回报和投资条件,其基础是企业的财务分析与预测。由于企业与资金供给方合作的模式可能有多种,因此还可能需设计几种备选方案,确定不同盈利模式下的资金需求量及资金投向。

⑩ 风险分析,这部分内容主要向投资者分析企业可能面临的各种风险隐患和风险的大小,以及将采取何种措施来降低或防范风险、增加收益等。

第六节　创业路演

创业路演是创业项目或企业的代表向特定人群讲解自己的企业产品、发展规划、融资计划等,是从企业上市前针对特定投资者进行的项目路演衍生而来的。路演可分为线上项目路演和线下项目路演两种方式。线上项目路演主要是通过QQ群、微信群,或者在线视频等互联网方式对项目进行讲解;线下项目路演主要通过活动专场与观众进行面对面的演讲以及交流。

创业路演按路演目的可分为融资路演、大赛路演、推广路演、总结路演。融资路演是以融资为主要目的，将创业项目或企业向投资者展示；大赛路演是以在大赛中获奖为主要目的，将参赛项目或企业向评委讲解；推广路演是以宣传项目或吸引合作伙伴为主要目的，将创业项目或企业向大众或特定人群讲解；总结路演是以阶段性总结汇报为主要目的，由创业项目或企业的代表向培训主办方或投资者讲解。

通常情况下，创业路演有四方或若干参与方。第一方是创业者，他们是创业路演的演员，也是项目展示方；第二方是投资者，他们同样是创业路演的演员，只不过他们是以投资者的眼光判断项目的价值，并决定是否进行投资；第三方是路演的组织方，他们是创业路演的导演，路演规则和演员都由他们挑选；第四方是创业路演的观摩者，是这场表演的观众，其中可能有很多人有创业项目。这四方的参与目的有明显的区别。

一、路演的类型和特点

1. 融资路演

融资路演一般由投资机构组织，由 8～10 个创业项目和 8～10 个投资机构代表组成。它要确保每个项目进行较为充分的展示，实现创业者与投资者之间的零距离直面对话、平等交流、专业切磋等，促进创业者与投资者充分沟通并加深了解，最终推动融资进程。

2. 推广路演

推广路演一般由创业者或企业自行组织，他们根据项目的情况，邀请行业专家、投资机构、行业拟合作伙伴等参加，同时也可面向公众开放。创业者或企业对公司情况进行全面的介绍，广泛征求与会者意见，以促进项目发展。

3. 大赛路演

大赛路演由创业大赛主办方组织，评委一般由政府机构、专家、投资者、企业代表等组成，参赛项目按要求汇报答辩，评委综合评定并评出奖项。优秀项目有机会获得奖金、政府扶持资金或者投资。

4. 总结路演

总结路演一般由创业培训组织机构、投资者来组织。政府、高校或社会经常组织开展的创业培训，往往以路演的形式进行培训效果的检验。如果是投资者组织的总结路演，则可能会组织阶段性的路演，以充分了解所投项目的进展情况，采取针对性的投融资措施。

二、参加路演的规则

融资路演一般采取自愿报名、程序审核、项目审核、进行路演的机制，邀请一定范围内早、中期的创业项目以及传统行业中具备创新模式的项目参加。

推广路演一般会发布项目路演的信息，并开展项目路演、现场互动等环节，会邀请嘉宾，其他人员也可自愿报名参加。

大赛路演一般设置复赛、半决赛或决赛环节，设有汇报展示、答辩两个环节。参赛者按时间要求利用幻灯片介绍自己的项目，由评委提问题、打分。

总结路演相对来说形式比较灵活，一般设有汇报展示、指导交流两个环节。创业项目或企业的代表按时间要求利用幻灯片介绍完自己的项目，由专家或投资者提问题、指导交流，对项目提出合理性的建议。

三、获得路演机会的主要途径

因大赛路演是按照赛事主办方的要求参加，推广路演和总结路演则由路演主体自行把握，所以此处主要针对融资路演来说。

1. 创业咖啡和孵化器

创业咖啡和创业孵化器会定期组织创业路演，这是目前能够参加创业路演最便捷的渠道，门槛低，只要询问一下相关的负责人就能够了解到足够的信息。

2. 创业媒体

创业媒体中也经常会透露一些创业路演的信息，多关注一些有关创业的微博或者微信群，也能获得创业路演的信息。

3. 第三方渠道或平台

寻找一些专门为创业路演发布信息的第三方渠道或者平台，能够获得一些比较私密的路演信息。

从上述三个渠道来看，创业咖啡和孵化器这个渠道最便捷，但是路演质量参差不齐，而第三方渠道介绍甚至是熟人推荐的创业路演质量相对较高。

四、参加融资路演的注意事项

决定去参加融资路演之前要慎重考虑，想清楚自己的目的，通过一次路演就获得投资的可能性并不大。选择适合自己的融资路演，至少要从以下三个方面进行考虑。

1. 明确项目的融资需求

要十分明确自己的项目处于什么阶段,是早期天使融资还是 A 轮、B 轮融资,要找一个与投资者的投资金额相匹配的路演。如果企业准备融资 200 万元,而投资者是动辄投资数千万美元的投资者,那么很可能就会无功而返,反之亦然。要清楚,如果投资者的资金有限投不了,其结果也相当于失败。

2. 了解不同路演的属性

参加路演之前,要了解路演的细节。有多少投资者参加、有几个项目做路演、每个项目演讲的时间是多久、沟通的时间是多少、有哪些项目参加、是否有自己的竞争对手、是否有不相干的行业等,都是要考虑的。同时,其他参加路演的企业或项目处于什么状态,是否跟自己处于同一阶段等,也需要了解。一般而言,路演属性与本企业的匹配度越高,收获就会越大。

3. 了解参加路演的机构的背景

如果有可能的话,还要了解参加路演的投资者和投资机构。比如,这些投资者的偏好,都投资什么阶段的项目,关注的行业主要是什么,投资过哪些案例,是否有与自己的项目类似或者上下游的项目,投资者是关注团队、技术多一些还是关注商业模式创新多一些,投资者在其所在投资机构的职位如何,是否有投资决策权。了解这些之后,能够提高创业项目融资沟通的效率。

五、路演幻灯片的制作

1. 制作的原则

第一,简单、大方。要明确幻灯片制作的目的是展示给观众、投资者或者评委,而不是展示演讲者感兴趣的东西。展示的幻灯片应尽可能简单、大方、分辨率要高。目前有两种法则可以参照:一是"6—6—6"法则,即每行不超过 6 个词语,每页不超过 6 行,连续 6 张纯文字的幻灯片之后需要有个视觉停顿(采用带有图、表的幻灯片);第二种是"10—20—30"定律,即幻灯片不能超过 10 张,幻灯片演讲不能超过 20 分钟,幻灯片文字的最小字号为 30。

第二,清晰、突出。幻灯片内容要遵循 3C 原则,即清晰(Clear)、简洁(Concise)、能激发兴趣(Compelling)。商业模式、公司定位、目标客户、解决的问题、应用场景都要清晰,让观众一看或一听就能够知道大约是个什么样的内容。因为短短几分钟的演讲没有时间详细解释,需要言简意赅。

2. 制作的标准

一场 20～30 分钟的演讲,一般使用 10～15 张的幻灯片(不含标题页、提纲页、结束页）即可，不追求全面，要抓重点，要和计划书保持一致。下面推荐一个14张幻灯片的展示模板。

第1张：标题页。展示的幻灯片往往以标题页为开始，其内容包括企业的名称、创业人姓名等。

第2张：概述。对企业、产品或服务进行简要说明，对汇报要点作出简单的介绍，对项目带来的潜在收益（经济效益和社会效益）等进行简单说明。

第3张：问题。说明亟待解决的问题（问题在哪、为什么会出现该问题、如何解决该问题），说明通过调查证实的问题（客户的潜在需求是什么、专家有哪些建议），说明问题的严重性。

第4张：解决办法。说明企业的解决办法与其他解决方案相比的独特之处，展示本企业的解决方案如何改变客户的生活，进一步说明企业的解决方案有什么进入壁垒。

第5张：机会和目标市场。要清楚地定位企业具体的目标市场，对目标市场的广阔前景进行展望；通过图表的方式展示目标市场的规模、预期销售额和预期市场份额等信息，说明拟采取什么办法实现销售计划。

第6张：技术。介绍技术或者产品、服务的独到之处，尽可能描述得通俗易懂，切忌使用专用术语进行陈述；展示产品的图片、相关描述或者样品，如果产品已经试生产结束，则最好展示样品；说明可能涉及的知识产权问题以及企业采用的保护措施。

第7张：商业模式。简洁清晰地介绍商业模式及其可行性，让观众相信产品能产生收入和利润。

第8张：竞争。阐述直接、间接和未来的竞争者，展示商业计划书中的竞争者风格，说明本企业与竞争对手比较时的竞争优势。

第9张：市场和销售。描述总体的市场计划、定价策略、销售过程以及销售渠道，说明消费者的购买动机，说明激起消费者欲望的方法，以及产品或服务如何最终到达消费者手中。

第10张：管理团队。介绍现有管理团队（团队成员的背景和专长，以及在企业中将要发挥的作用，如何进行团队合作等），说明管理团队存在的缺陷或不足，如果有顾问委员会最好予以介绍。

第11张：财务规划。介绍未来1～2年企业总体的盈利状况、财务状况及现金流状况。要强调企业何时盈利，尽量将规划的内容显示在一张幻灯片上，而且只显示总体数据，同时做好回答相关数据问题的心理准备。

第12张：现状。用数据展示已经取得的重大进展，介绍启动资金的来源、构成和使用情况，介绍现有的所有权结构、企业采用的法律形式及其原因等。

第13张：财务要求。如有融资计划，要介绍想要的融资渠道及筹集资金后的使用方式，同时筹集资金后可能取得的重大突破也要展示一下。

第14张：总结。总结并介绍企业最大的优势、团队最大的优势，同时介绍企业的退出策略，并征求反馈意见。

3. 选择合适的演讲者

创业路演通常是由创始人来进行演讲的，但是如果创始人不善于表达，或者有语言障碍，或者有其他可能会影响演讲的问题存在时，都要更换演讲者。要求演讲者对项目的熟悉程度不低于创始人，语言表达能力强，最好是幻灯片的制作者，具备很好的演讲能力。一个合适的演讲者是给项目加分的，而一个糟糕的演讲者会让投资者或评委忽略项目本身，过度关注演讲者自身的问题。

4. 搜集观众（投资者或评委）的相关信息

可以通过互联网等渠道了解投资者或评委的信息，了解到场的投资者或评委的喜好和关注点，分析自己的创业计划与他们之间是否存在某种联系，调整汇报的内容和方式，这些会使路演展示达到事半功倍的效果。

5. 预见可能提问的问题

在参加路演之前，要敏锐地预见投资者、评委、观众可能会提出的问题。可以用投资者或评委的身份和角度提炼出数十个问题，提前预设一下可能会提问的问题，并做好回答问题的准备和演练。这样，在遇到相关问题的时候就能够从容应对，给大家留下好的印象。

6. 进行融资演讲训练

演讲在路演中的权重很高，甚至已经超过了幻灯片本身。因此，在参加路演前要做足演讲训练。演讲与幻灯片的有效配合，需要经过不断训练才能逐步达到一个理想的状态。找项目团队成员或其他人作为观众，以实战的方式进行演讲训练很必要，条件允许的话可以邀请专业人员或导师组织模拟汇报训练。

【小结】

"大众创业、万众创新"是强国之举、富民之道。创新的创业实践不仅可以带来社会物质生产资料的极大丰富，提供经济社会发展的新动力，还可以将人力资源转化为人力资本，促进高质量的就业。针对个人而言，创新的创业实践不仅是一种可以选择的就业方式，还能激发个人的智慧和创造力，使个人突破现状、创新实践，从而实现人生价值。本章在创新创业项目的引导下，通过情景导入、任务布置、任务实现、项目评估等流程在项目推进过程中实现了"做中学、学中做"，让同学们全面了解创新的创业实践的全过程。

参考文献

［1］周兴平.中职创新创业实战[M].北京：科学出版社，2017.

［2］胡雅茹.思维导图笔记整理术[M].北京：北京时代华文书局，2018.

［3］夏鲁青，徐小洲.创业通识[M].北京：教育科学出版社，2017.

［4］张国庆，程洪莉，王欢，等.创新创业路径揭秘[M].北京：清华大学出版社，2019.

［5］龚焱.精益创业方法论：新创企业的成长模式[M].北京：机械工业出版社，2015.

［6］埃里克·莱斯.精益创业：新创企业的成长思维[M].北京：中信出版社，2012.

中职生创新创业指导

学生活动手册

姓名：_____

班级：_____

目录

导　论	初识创新创业	1
第一章	第一节	3
第一章	第二节	5
第一章	第三节	7
第二章	第一节	11
第二章	第二节	17
第三章	第一节	25
第三章	第二节	31
第四章	第一节	33
第四章	第二节	35
第五章	第一节	39
第五章	第二节	45
第五章	第三节	51
第五章	第四节	65
第五章	第五节	67
第五章	第六节	69

手册使用说明

本学生活动手册为《中职生创新创业指导》的配套用书。

每节内容包括:"课堂活动""小试牛刀"两个板块。"课堂活动"栏目围绕每节课的学习目标设计,课堂上学生完成同步训练;"小试牛刀"栏目是知识检测,可以课上完成,也可以作为课后作业。

本活动手册,教师可根据教学安排灵活使用,学生可以整册上交,也可以单页上交。

导 论　初识创新创业

课堂活动

活动名称： 创业案例启示

扫一扫右边的二维码，进行阅读和学习。阅读过程中，思考该案例对自身的专业学习、创业意识等方面有哪些启发。

自创中药奶茶，开办校园橘井奶茶店

活动时长： 20分钟

活动形式： 团队活动

活动步骤：

1. 进行团队讨论。
2. 团队代表发言，分享案例带来的启发。
3. 教师总结并点评。

活动分值： 1分（团队每位成员获得同样的分数）

评分标准：

能够通过案例分析得出专业学习与创业之间的关联，得1分。

_____

_____

_____

_____

_____

_____

_____

本次活动得分：_____

第一章 第一节

小试牛刀

活动名称： 创建卡片墙

根据要求，将符合各个国家创新创业特点的卡纸粘贴在相应的国家下面，并制作国外创新创业卡片墙。

活动时长： 10 分钟

活动形式： 团队活动

活动步骤：

1. 每个团队领取白卡纸若干张。
2. 根据上课教师所讲内容，在白卡纸上写下各国创新创业特点，并粘贴在背景板相应的国家下面。
3. 统计放置正确的卡纸数量，填在下表中。

卡纸数量统计表

国家名称	瑞士	德国	以色列	美国	合计
正确的数量					

活动分值： 3 分（团队每位成员获得同样的分数）

评分标准：

1. 粘对 12 个及以上得 3 分。
2. 粘对 9～11 个得 2 分。
3. 粘对 6～8 个得 1 分。
4. 粘对 5 个及以下不得分。

本次活动得分：＿＿＿＿＿＿

第一章　第二节

小试牛刀

活动名称： 制作风火轮

假设你是即将毕业的学生，根据自己的专业特点，思考需要具备哪些创新素质，才能在工作中做得更好。

请在下面的风火轮中填入必要的创新素质，填得越多，风火轮就转得越快，也代表创新能力越高。

活动时长： 5分钟

活动形式： 个人活动

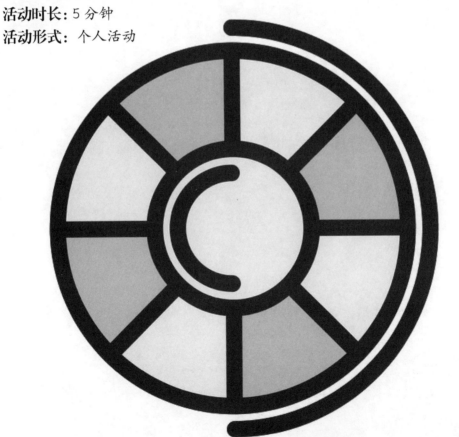

本次活动得分：＿＿＿＿＿＿

第一章　第三节

小试牛刀 1

活动名称： 典型人物的创新创业特质

查找相关的人物典型案例，以团队为单位分析这些人物的创新创业特质，将共同特质填写在下表中。

活动要求： 每一类人物都对应有共同的创新创业特质，每类人物至少写出 1 个创新创业特质关键词。

典型人物的创新创业特质表

序号	类型	创新创业人物的共同特质
1	具有工匠精神的人物	
2	与本专业相关的行业翘楚	
3	自己感兴趣的人物	

活动时长： 10 分钟
活动形式： 团队活动
活动步骤：
1. 团队选出代表。
2. 共同讨论各类人物的创新创业特质，同时进行记录。
3. 团队代表发言，分享团队讨论结果。
4. 教师总结讲评。

活动分值: 2 分（团队每位成员获得同样的分数）
评分标准:
1. 对每类人物写出 1 个词语，得 1 分。
2. 对每类人物写出 2 个词语，得 2 分。
3. 对每类人物写出 3 个及以上词语，得 3 分。

小试牛刀 2

活动名称：绘制创新创业生命线

在职业生涯的不同发展阶段，应用鱼骨图能够形象地体现人们需要具备的创新创业能力。在鱼骨图上，向上的鱼骨线代表创新素质，向下的鱼骨线代表创业素质，请按照以下步骤绘制自己的创新创业生命线。

活动要求：

在下面的鱼骨图上相应的位置列出毕业时、毕业 5 年后、毕业 10 年后应该具备的创新创业素质。

活动时长： 10 分钟

活动形式： 个人活动

活动步骤：

1. 列出毕业时应该具备的创新创业素质，在相应的鱼刺位置列出 2～3 条。
2. 列出毕业 5 年后应该具备的创新创业素质，在相应的鱼刺位置列出 2～3 条。
3. 列出毕业 10 年后应该具备的创新创业素质，在相应的鱼刺位置列出 2～3 条。

活动分值： 3 分

评分标准：

1. 毕业时、毕业 5 年后、毕业 10 年后具备的创新创业素质，每个阶段列出 1 条，得 1 分。
2. 毕业时、毕业 5 年后、毕业 10 年后具备的创新创业素质，每个阶段列出 2 条，得 2 分。
3. 毕业时、毕业 5 年后、毕业 10 年后具备的创新创业素质，每个阶段列出 3 条，得 3 分。

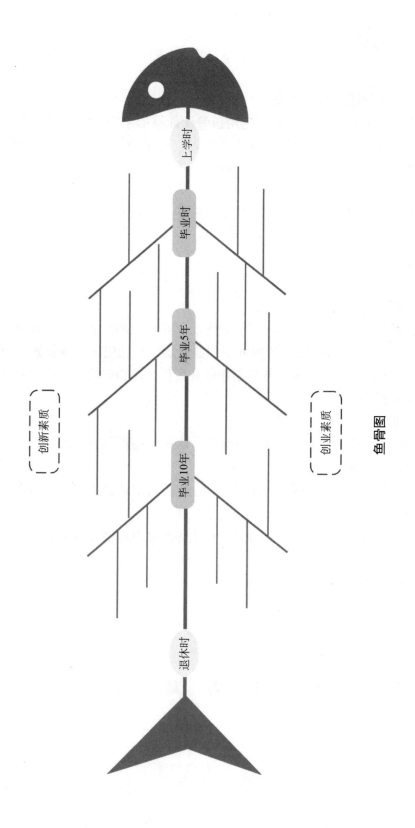

本次活动得分：_____

第二章　第一节

 课堂活动 1

团队讨论，列举一些生活中运用创新思维的例子。

_____

_____

小试牛刀 1

活动名称：九点问题

根据要求画出相应的直线，使之通过 9 个点。
（1）连续画出相连的 5 条直线通过 9 个点，线与线不能断开，笔不能离开纸面。
（2）连续画出相连的 4 条直线通过 9 个点，线与线不能断开，笔不能离开纸面。
（3）连续画出相连的 3 条直线通过 9 个点，线与线不能断开，笔不能离开纸面。

活动时长： 5 分钟

活动形式： 个人活动

活动分值： 共 3 分，每个 1 分

评分标准： 画出来得分，没画出来不得分。

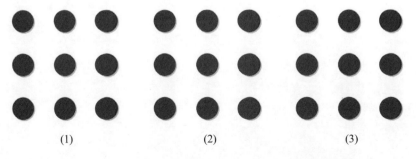

(1)　　　　　　(2)　　　　　　(3)

本次活动得分： _____

课堂活动 2

活动名称：图案颠倒

快速移动 3 枚纽扣，通过团队合作，使图案完全颠倒过来。

活动时长： 3 分钟

活动形式： 团队活动

活动步骤：

1. 每个团队领取 10 枚纽扣。
2. 通过团队讨论，完成任务。
3. 尝试将移动过程画下来。

小试牛刀 2

活动名称：想象未来生活

随着人工智能的兴起，请想象一下人类未来的生活是什么样子的。将自己的想法写在下面，可以从房屋、交通、工作等方面尽情地发挥想象力。

活动时长： 5 分钟

活动形式： 个人活动

活动分值： 3 分

评分标准：

1. 与生活联系紧密，得 1 分。
2. 在用途和功能上描述得具体，得 1 分。
3. 具有较强的想象力，让人产生共鸣，得 1 分。

本次活动得分：＿＿＿＿＿＿

课堂活动 3

下图中公共汽车是由 A 开向 B？还是由 B 开向 A 呢？原因是什么？

答：_____

_____

_____

_____

_____

_____

小试牛刀 3

活动名称：回形针的妙用

在 3 分钟内，以团队为单位，讨论一下回形针的多种用途，至少说出 30 种用途。

活动要求：
1. 想法越多越好。
2. 欢迎异想天开（想法越离奇越好）。
3. 在团队内寻求各种想法的组合和改进。
4. 当别人提出想法时，请不要有批评意见。

活动时长： 15 分钟

活动形式： 团队活动

活动步骤：
1. 选出团队代表和记录人。
2. 在3分钟内想出回形针尽可能多的用途，并进行记录。
3. 请各团队代表进行汇报。
4. 老师进行点评。

活动分值： 2分（团队每位成员获得同样的分数）

评分标准：
1. 说出16～29种用途，得1分。
2. 说出30种及以上用途，得2分。

回形针的用途：

_____

_____

_____

_____

_____

本次活动得分： _____

第二章 第二节

小试牛刀 1

活动名称：双肩包的缺点列举

进行团队讨论，列举出日常生活中常见的双肩包的缺点，并针对这些缺点提出改进的建议，请列出至少 5 种缺点。

活动时长：10 分钟

活动形式：团队活动

活动步骤：

1. 各团队选出代表。
2. 团队讨论。
3. 各团队代表进行分享，教师点评。

活动分值：1 分（团队每位成员获得同样的分数）

评分标准：

1. 列出 1～3 种缺点，得 0.5 分。
2. 列出 4 种及以上缺点，并提出 1 条以上的改进建议，得 1 分。

本次活动得分：＿＿＿＿＿＿

小试牛刀 2

本部分活动共 2 个，可选择其中 1 个进行演练。

活动名称 1：牙签变形记

运用组合创新法，以团队为单位发挥想象，尝试用牙签设计一件创意物品。

活动时长：15 分钟

活动形式：团队活动

活动步骤：

1. 领取牙签、皮筋、胶带、彩笔等活动材料。
2. 团队利用相关材料完成创意作品。
3. 团队推荐代表进行分享。
4. 教师对各团队作品进行点评。

活动分值：3 分（团队每位成员获得同样的分数）

评分标准：

按作品质量得分，优秀得 3 分，良好得 2 分，中等得 1 分，较差不得分。

活动名称 2：小纸张大创意

现有 10 张 A4 纸，以团队为单位发挥想象，运用组合创新法设计一款创意产品。

活动时长：15 分钟

活动形式：团队活动

活动步骤：

1. 领取 10 张 A4 纸。
2. 团队讨论后完成创意产品。
3. 团队推荐代表进行分享。
4. 教师对各团队作品进行拍照，并进行点评。

活动分值：3 分（团队每位成员获得同样的分数）

评分标准：

按作品质量得分，优秀得 3 分，良好得 2 分，中等得 1 分，较差不得分。

本次活动得分：＿＿＿＿＿＿

小试牛刀 3

活动名称： 头脑风暴解决方案

以团队为单位，开展头脑风暴式讨论，对日常生活或学习中存在的常见问题提出解决方案。比如，避免上课迟到，远离电子游戏，少吃垃圾食品等。针对某一种问题提出至少 5 种解决方案。

活动时长： 12 分钟

活动形式： 团队活动

活动步骤：

1. 确定一个讨论主题。
2. 各团队选出一名主持人和一名记录人（需记录讨论的过程、结论及实施过程中存在的问题）。
3. 团队内部对主题进行讨论。
4. 团队代表汇报讨论结果。
5. 教师进行总结点评。

活动分值： 3 分（团队每位成员获得同样的分数）

评分标准：

1. 提出 1～2 种方案，得 1 分。
2. 提出 3～4 种方案，得 2 分。
3. 提出 5 种及以上方案，同时讨论过程记录完备，得 3 分。

解决方案：

_____

_____

_____

_____

_____

本次活动得分： _____

小试牛刀 4

活动名称："眼镜"创新改进方案

以团队为单位，运用奥斯本检核表法对"眼镜"提出创新的改进方案，每类问题都需要提出相应的改进方案，越多越好。

活动时长：15 分钟

活动形式：团队活动

活动要求：

1. 将每一条设问看作是一种单独的技巧性方法。
2. 要借助联想、发散等思维形式。
3. 思考过程中要敢于发问，可以单独思考，也可以集体思考，要把所有思考的结果搜集起来，整合成一个解决方案。

活动步骤：

1. 每个团队领取 A1 纸张尺寸的画布、便笺纸等材料。
2. 每个团队选出代表和记录员。
3. 进行团队讨论，并记录在画布上。
4. 团队代表分享讨论结果。
5. 教师进行总结和讲评。
6. 将画布上的结果写下来。

活动分值：3 分（团队每位成员获得同样的分数）

评价标准：

1. 对其中的 1～4 个核检项目各提出 1 种及以上的改进方案，得 1 分。
2. 对其中的 5～8 个核检项目各提出 1 种及以上的改进方案，得 2 分。
3. 对 9 个核检项目分别提出 1 种及以上的改进方案，得 3 分。

解决方案：

奥斯本检核表

序号	检核项目	选出方案
1	能否他用	
2	能否借用	
3	能否改变	
4	能否扩大	
5	能否缩小	
6	能否替代	
7	能否调整	
8	能否颠倒	
9	能否组合	

本次活动得分： _____

第三章 第一节

小试牛刀 1

活动名称：电脑畅想

看到电脑，会联想到什么？进行团队讨论，请列出至少 15 个与电脑相关的词语。

活动时长： 10 分钟

活动形式： 团队活动

活动步骤：

1. 领取纸张、彩笔等材料。
2. 团队合作讨论，列出与电脑相关的词语。
3. 进行团队展示。
4. 教师进行总结和评价。
5. 在手册上进行记录。

活动分值： 3 分（团队每位成员获得同样的分数）

评分标准：

1. 列出 6～10 个词语，并分享关联关系，得 1 分。
2. 列出 11～14 个词语，并分享关联关系，得 2 分。
3. 列出 15 个及以上词语，并分享关联关系，得 3 分。

本次活动得分： ____

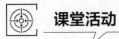

课堂活动

活动名称： 绘制关于电脑的思维导图

参考"小试牛刀1"中与电脑相关的词语，将其以思维导图的形式绘制到下面空白处。

活动时长： 10分钟

活动形式： 个人活动

绘制思维导图

小试牛刀 2

活动名称： 茶叶罐的用途

进行团队讨论，用思维导图列出茶叶罐的 20 种用途，列出的分支不少于 2 个。

活动时长： 20 分钟

活动形式： 团队活动

活动步骤：

1. 领取白纸及彩笔。
2. 选出团队代表和记录员。
3. 团队用思维导图发散思维，讨论茶叶罐的用途。
4. 团队代表进行思维导图的展示及讲解。
5. 教师进行总结和讲评。
6. 在手册上记录思维导图。

活动分值： 3 分（团队每位成员获得同样的分数）

1. 列出 10 种用途，得 1 分。
2. 列出 11～19 种用途，得 2 分。
3. 列出 20 种及以上用途，得 3 分。

本次活动得分：_____

第三章 第二节

 课堂活动

活动名称： 选择思考帽

根据所学的六项思考帽的相关知识，评判下表中的说法，思考戴什么颜色的思考帽合适。进行团队讨论，并在相应的颜色上用"○"标注出来。（注意：每个说法可能有多个思考帽。）

活动时长： 10 分钟

活动形式： 团队活动

活动步骤：

1. 团队内部讨论，并在表中进行标注。
2. 教师进行答案解析，学生校对订正。

选择正确颜色的思考帽表

序号	内容	思考帽颜色
1	改进工具至少要花三个月的时间	蓝 白 黄 绿 黑 红
2	我的直觉告诉我，那不管用	蓝 白 黄 绿 黑 红
3	乔告诉我他很焦虑	蓝 白 黄 绿 黑 红
4	这个项目的大部分工作都已完成	蓝 白 黄 绿 黑 红
5	塑料盘的价格上涨了 15%	蓝 白 黄 绿 黑 红
6	他的法语讲得很好，这非常有用	蓝 白 黄 绿 黑 红
7	我们是不是准备做出最后的决策呢	蓝 白 黄 绿 黑 红
8	那个秘书代理机构收费很高	蓝 白 黄 绿 黑 红
9	杰克和我们在一起已经 16 年了	蓝 白 黄 绿 黑 红
10	我就是不喜欢那种方法	蓝 白 黄 绿 黑 红
11	我们在个别细节处遇到了麻烦	蓝 白 黄 绿 黑 红
12	我们可以为它刷油漆，也可以不处理	蓝 白 黄 绿 黑 红
13	我们对这个新领域了解得不够多	蓝 白 黄 绿 黑 红

（续表）

序号	内容	思考帽颜色
14	如果我们降低价格，将会有更多的人支付得起票价	蓝 白 黄 绿 黑 红
15	那是一条黑帽评价，现在提出是不合时宜的	蓝 白 黄 绿 黑 红
16	停车场的空位不够多	蓝 白 黄 绿 黑 红
17	使用安全输液工具可以降低风险	蓝 白 黄 绿 黑 红

小试牛刀

活动名称：思考帽破解难题

以团队为单位，选择一个主题进行六顶思考帽练习，可以选择与自己生活和学习联系紧密或比较熟悉的主题。例如，如何提高学习效率，如何利用课余时间。

活动时长： 20分钟

活动形式： 团队活动

活动步骤：

1. 每个团队领取六顶思考帽。
2. 选择一个主题展开讨论。
3. 团队内分别选出代表和记录员（代表负责解决方案的最后陈述，记录员负责记录不同思考帽的发言要点或观点）。
4. 商讨和确定讨论时的思考帽应用顺序。
5. 根据六顶思考帽的应用顺序，同一时刻，一个团队的所有人都带上同一颜色的帽子思考问题。
6. 各团队代表陈述解决方案。
7. 教师进行评价总结。

活动分值： 3分（团队每位成员获得同样的分数）

评分标准：

1. 能够运用不同颜色的思考帽提出自己的看法，得1分。
2. 提出的解决方案具有一定的合理性，得1分。
3. 提出的解决方案具有一定的创新性，得1分。

主题名称：_____

解决方案：

第四章　第一节

 课堂活动

扫一扫右边的二维码，阅读吉列剃须刀的故事，回答问题。你在生活中遇到过哪些类似的事件？你是怎么做的？对你有什么启发？从创业动机、创业兴趣等方面进行陈述。

吉列剃须刀的故事

_____
_____
_____
_____
_____
_____

小试牛刀

活动名称：开水果店

学习了关于创业意识的内容后，如果你要在网上开水果店，需要具备哪些创业意识？在这些意识的指导下，具体采取哪些应对措施？

活动时长： 10分钟

活动形式： 团队活动

活动步骤：

1. 团队进行讨论，填写下面的思维导图。
2. 每个团队进行陈述。
3. 教师进行点评总结。

活动分值： 2分（团队每位成员获得同样的分数）

评分标准：
1. 写出 1～3 个二级关键词，写出 1～2 条解决措施，得 1 分。
2. 写出 4 个及以上二级关键词，写出相应的解决措施，得 2 分。

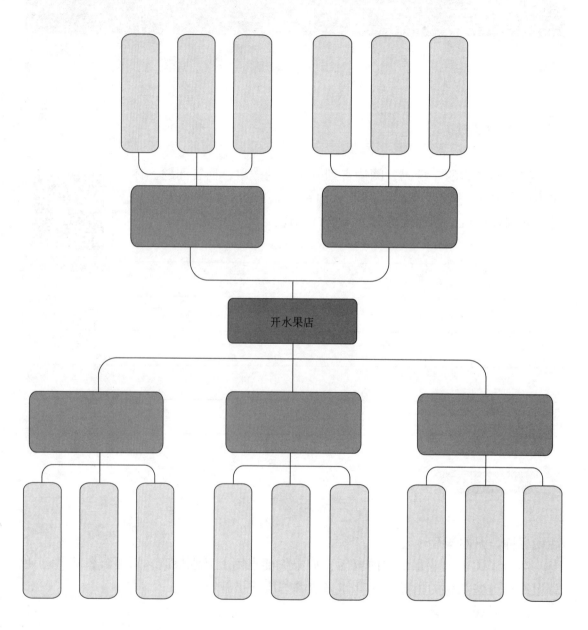

开水果店的思维导图

本次活动得分： _____

第四章　第二节

 课堂活动 1

活动名称：解手链活动

　　活动时长： 20 分钟

　　活动形式： 团队活动

　　活动步骤：

　　1. 以小组为单位。

　　2. 小组成员围成一个圈。

　　3. 两手交叉，右手在上，左手抓住右侧相邻人的右手；右手抓住左侧相邻人的左手，每个人都是如此。

　　4. 在不松开的情况下，大家面向中间想办法把这张乱网解开。

　　5. 每个人的手不再交叉，自然地解开，并且面朝里面视为解开。

　　完成解手链活动，根据活动体验写出感想，可从勇于创新、坚持不懈、团结合作等方面进行论述。

课堂活动 2

活动名称：你比划我来猜

活动时长：20 分钟

活动形式：团队活动

活动步骤：

1. 以小组为单位，每组选出 3 名同学参加，一人比划，一人猜，一人举卡片，并上台展示。
2. 每组共有 10 张本节课学到的词语卡片。
3. 比划者只能用肢体语言的形式向猜词者传达信息，不能说出任何字。
4. 猜不出可以喊通过。
5. 其他同学不能提醒。
6. 限时 5 分钟内，猜出的词语数量最多者，则为获胜组。

完成"你比划我来猜"的活动，根据活动体验写出感想，可从对词语的理解程度等方面进行陈述。

第五章 第一节

 课堂活动 1

举出生活中马斯洛需求层次理论的五个层次的需求。

（1）生理需求

（2）安全需求

（3）社交需求

（4）尊重需求

（5）自我实现需求

 课堂活动 2

根据案例 5-1，在交通工具的演变史汇总中，按兴奋型需求、期望型需求、必备型需求为交通工具分类，写在下面。

课堂活动 3

1. 写出汽车应用场景中三个主体的需求，并填写在下面的思维导图中。

   活动时长： 10 分钟
   活动形式： 个人活动

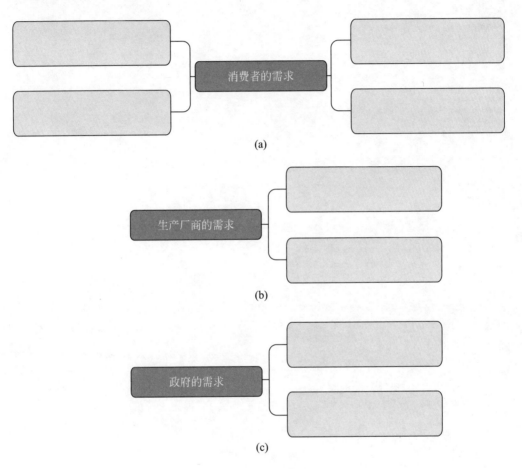

需求思维导图

2. 写出能解决上述需求的创意产品。

_____

_____

_____

_____

小试牛刀

参照课程中教师讲解的案例,以思维导图的形式,各组从生活、学习等方面分析未被满足的需求,并说明或者画出可能满足此类需求的创意产品。

活动时长: 10分钟

活动形式: 团队活动

活动分值: 2分(团队每位成员获得同样的分数)

评分标准:

1. 分析出未被满足的需求,得1分。
2. 说明或画出创意产品,得1分。

本次活动得分:＿＿＿＿＿＿

第五章 第二节

 课堂活动 1

结合思维导图，从以下角度完成目标客户设想，并完成目标用户肖像图。

活动时长： 10 分钟

活动形式： 团队活动

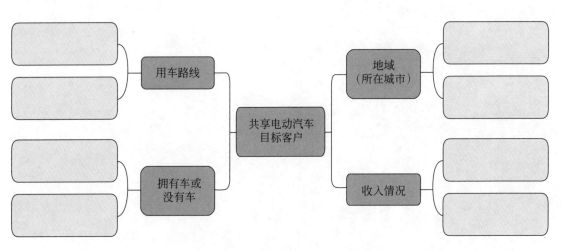

"共享电动汽车目标客户"思维导图

目标用户肖像图

课堂活动 2

1. 进行共享电动汽车产品设计，可以从产品特征、服务形式、产品层级等几个角度进行思考，并填入下表中。

   活动时长： 10 分钟

   活动形式： 团队活动

共享电动汽车产品设计表

内容	1	2	3	4	5
产品特征					
服务形式					
产品层级					

2. 假设你的团队是新能源汽车制造公司，尝试从技术和模式上来分析自身优势，并填入下面的思维导图中。

   活动时长： 10 分钟

   活动形式： 团队活动

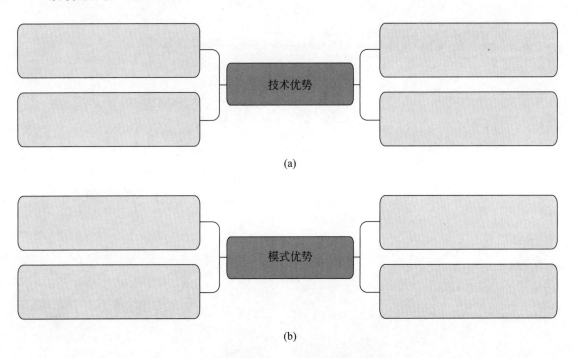

(a)

(b)

"技术与模式优势"思维导图

小试牛刀

1. 参照课程中教师讲解的案例，根据你所在团队找到的目标用户，从年龄、群体、地域、收入情况等方面确定客户特征，并填到下面的思维导图中。

活动时长： 10分钟

活动形式： 团队活动

活动分值： 2分（团队每位成员获得同样的分数）

评分标准： 根据需求，从年龄、群体、地域、收入情况等方面填写客户特征，即得分。

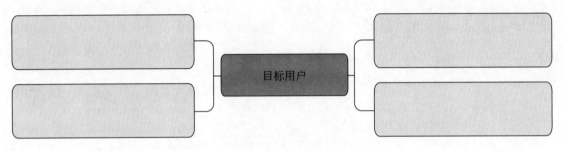

"目标用户"思维导图

2. 参照课程中教师讲解的案例，根据你所在团队找到的需求进行产品创意设计，可以从产品特征、服务形式、产品层级来确定产品特征并填写表格。

活动时长： 10分钟

活动形式： 团队活动

活动分值： 2分（团队每位成员获得同样的分数）

评分标准：

写出创意产品名称，并按照产品特征、服务形式、产品层级来填写下列表格，即得分。

创意产品设计表

内容	1	2	3	4	5
产品特征					
服务形式					
产品层级					

本次活动得分：＿＿＿＿＿

第五章 第三节

 课堂活动1

1. 思考共享电动汽车寻找客户的方法，并填入下面的思维导图中。

活动时长： 5分钟

活动形式： 团队活动

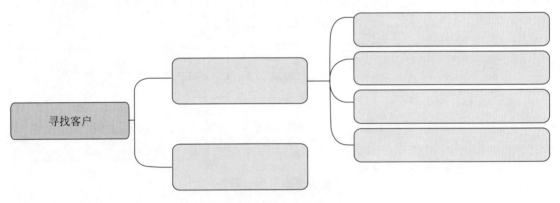

"寻找客户"思维导图

2. 思考共享电动汽车的价值主张，并将想法填入下表中。

活动时长： 5分钟

活动形式： 团队活动

共享电动汽车的价值主张表

序号	消费者	生产厂商	政府
1			
2			
3			
4			

3. 思考共享电动汽车的营销渠道，并将想法填入下面的思维导图中。

活动时长： 5分钟

活动形式： 团队活动

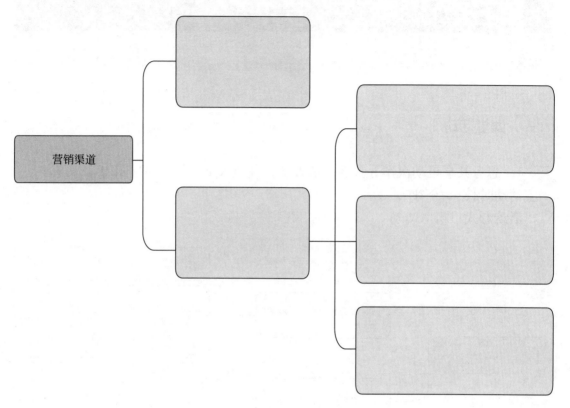

"营销渠道"思维导图

小试牛刀 1

1. 参照课程中教师讲解的案例，以思维导图的形式，思考你所在团队的创业项目的客户是通过何种方式获得的，并将想法填入下图中。

活动时长： 10分钟

活动形式： 团队活动

活动分值： 2分（团队每位成员获得同样的分数）

评分标准： 写出创业项目的客户获取方式，主要从获取信息的途径、地域、消费习惯、使用场景等方面进行思考，即得分。

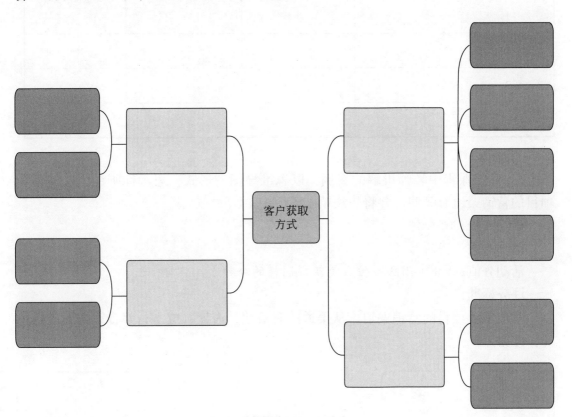

"客户获取方式"思维导图

本次活动得分： _____

2. 参照课程中教师讲解的案例，思考你所在团队的创业项目的价值主张有哪些，并将想法填入下表中。

活动时长：10分钟

活动形式：团队活动

活动分值：2分（团队每位成员获得同样的分数）

评分标准：填写出创业项目的价值主张，主要从向客户传递的价值、帮助客户解决的难题、满足的客户需求、为谁创造价值等方面进行思考，即得分。

创业项目的价值主张表

序号				
1				
2				
3				
4				

3. 参照课程中教师讲解的案例，以思维导图的形式，思考你所在团队的创业项目的营销渠道有哪些，并将想法填入下图中。

活动时长：10分钟

活动形式：团队活动

活动分值：2分（团队每位成员获得同样的分数）

评分标准：

写出创业项目的营销渠道，从渠道的有效性、占比、成本、整合等方面进行思考，即得分。

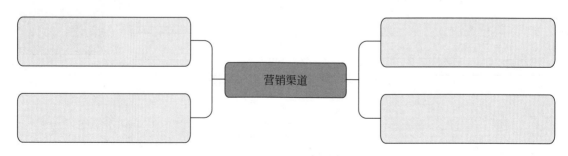

创业项目"营销渠道"思维导图

本次活动得分：＿＿＿＿＿＿

课堂活动 2

1. 请按下表设计共享电动汽车的客户关系。

   活动时长： 5 分钟
   活动形式： 团队活动

共享电动汽车的客户关系表

类型	1	2	3	4
客户关系特征				
客户关系成本				
客户关系收入				

2. 思考共享电动汽车的核心资源有哪些，将想法填入下图中。

   活动时长： 5 分钟
   活动形式： 团队活动

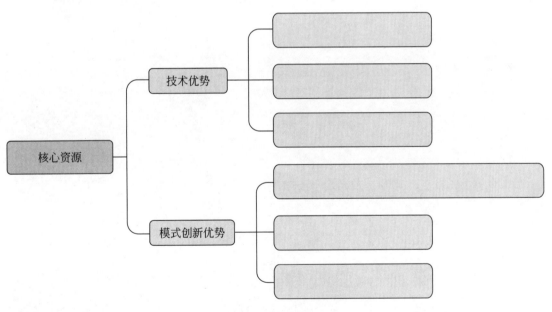

"核心资源"思维导图

3. 思考共享电动汽车的关键业务有哪些，并将想法填入下图中。

活动时长： 5 分钟

活动形式： 团队活动

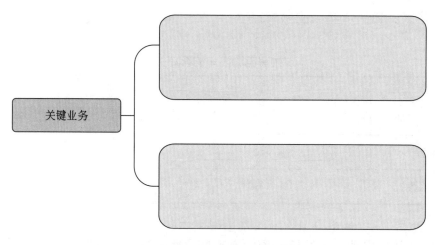

"关键业务"思维导图

小试牛刀 2

1. 参照课程中教师讲解的案例,请按下表设计你所在团队的创业项目的客户关系。

活动时长：10 分钟

活动形式：团队活动

活动分值：2 分（团队每位成员获得同样的分数）

评分标准：填写出创业项目的客户关系,主要从客户关系特征、客户关系成本、客户关系收入等方面进行思考,即得分。

创业项目的客户关系表

类型	1	2	3	4
客户关系特征				
客户关系成本				
客户关系收入				

2. 参照课程中教师讲解的案例,以思维导图的形式,思考你所在团队的创业项目的核心资源有哪些,并将想法填入下图中。

活动时长：10 分钟

活动形式：团队活动

活动分值：2 分（团队每位成员获得同样的分数）

评分标准：写出创业项目的核心资源,主要从技术、资金、人才、人脉关系等方面进行思考,即得分。

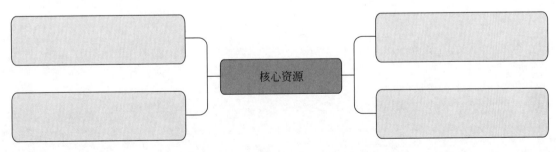

创业项目"核心资源"思维导图

3. 参照课程中教师讲解的案例，以思维导图的形式，思考你所在团队的创业项目的关键业务有哪些，并将想法填入下图中。

活动时长： 10 分钟

活动形式： 团队活动

活动分值： 2 分（团队每位成员获得同样的分数）

评分标准： 写出创业项目的关键业务，主要从能体现出企业核心价值主张的产品或服务形态等方面进行思考，即得分。

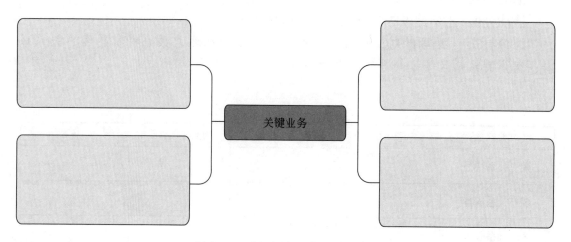

创业项目"关键业务"思维导图

本次活动得分：＿＿＿＿＿＿

课堂活动 3

1. 假设你在新能源汽车制造公司，思考公司的重要合作伙伴，并填入下图中。

活动时长： 5 分钟

活动形式： 团队活动

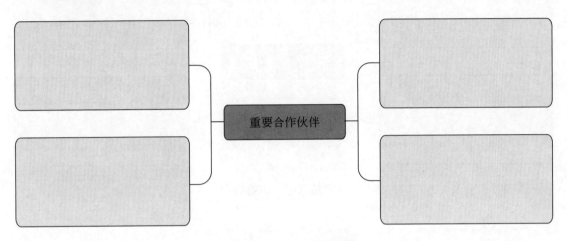

"重要合作伙伴"思维导图

2. 请沿着下面四个方向考虑共享电动汽车的成本结构，并将想法填入下图中。

活动时长： 5 分钟

活动形式： 团队活动

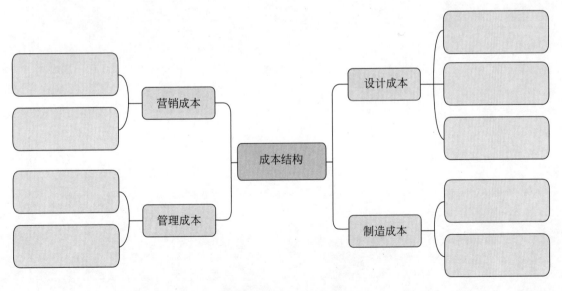

"成本结构"思维导图

3. 思考共享电动汽车的收益来源有哪些,并将想法填入下图中。

活动时长: 5分钟

活动形式: 团队活动

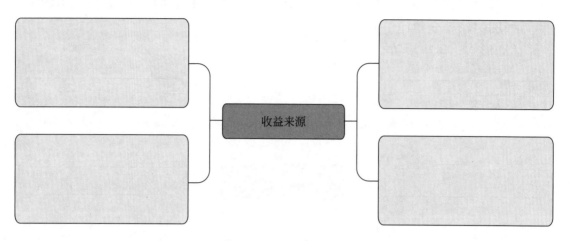

"收益来源"思维导图

小试牛刀 3

1. 参照课程中教师讲解的案例，以思维导图的形式，思考你所在团队的创业项目的重要合作伙伴有哪些，并将想法填入下图中。

活动时长： 10 分钟

活动形式： 团队活动

活动分值： 2 分（团队每位成员获得同样的分数）

评分标准： 写出创业项目的重要合作伙伴，主要从上游的供应商、下游的渠道商等方面进行思考，即得分。

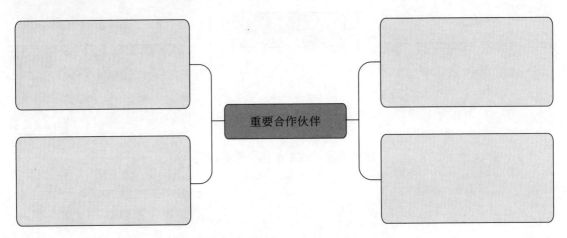

创业项目"重要合作伙伴"思维导图

2. 参照课程中教师讲解的案例，以思维导图的形式，思考你所在团队的创业项目的成本结构有哪些，并将想法填入下图中。

活动时长： 10 分钟

活动形式： 团队活动

活动分值： 2 分（团队每位成员获得同样的分数）

评分标准： 写出创业项目的成本结构，主要从营销成本、人员成本、设计成本、制造成本等方面进行思考，即得分。

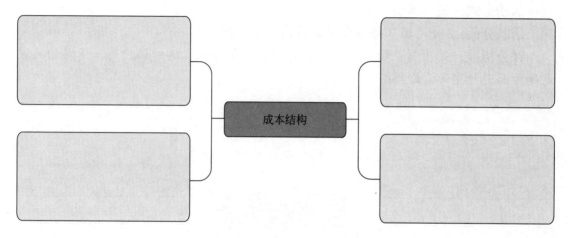

创业项目"成本结构"思维导图

3. 参照课程中教师讲解的案例，以思维导图的形式，思考你所在团队的创业项目的收益来源有哪些，并将想法填入下图中。

活动时长： 10分钟

活动形式： 团队活动

活动分值： 2分（团队每位成员获得同样的分数）

评分标准： 写出创业项目的收益来源，通过产品或服务的形式来确定收益类型，即得分。

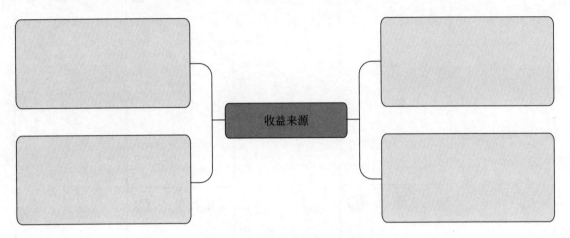

创业项目"收益来源"思维导图

4. 填写关于团队创业项目的商业模式画布。

活动时长： 10 分钟

活动形式： 团队活动

活动分值： 2 分（团队每位成员获得同样的分数）

评分标准： 填写好创业项目的商业模式画布中的所有模块，即得分。

重要合作伙伴	关键业务	价值主张	客户关系	客户细分
	核心资源		分销渠道	
成本结构		收益来源		

创业项目的商业模式画布

本次活动得分： _____

第五章 第四节

 课堂活动

假设你的团队是新能源汽车制造公司,企业估值 5 亿元,融资 5000 万元,为了企业更好的发展要进行融资,请从资金用途和风险防控两方面制订融资计划,并将想法填入下图中。

活动时长: 5 分钟
活动形式: 团队活动

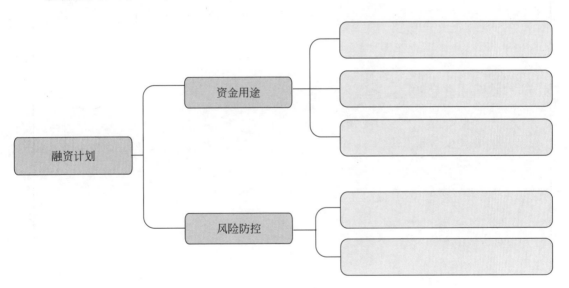

"融资计划"思维导图

小试牛刀

参照课程中教师讲解的案例,以思维导图的形式,从资金用途和风险防控两个方面制订团队创业项目的融资计划。

活动时长:10分钟

活动形式:团队活动

活动分值:2分(团队每位成员获得同样的分数)

评分标准:画出融资计划的思维导图,并从资金用途和风险防控两个方面进行思考,即得分。

本次活动得分:_____

第五章 第五节

 课堂活动

利用思维导图，思考共享电动汽车的核心团队组成，并将想法填入下图中。
活动时长： 5分钟
活动形式： 团队活动

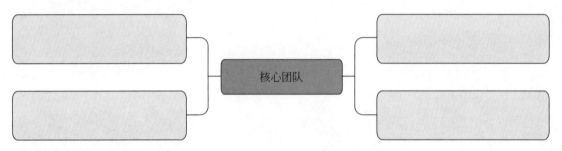

"核心团队"思维导图

小试牛刀

撰写一份关于团队创业项目的商业计划书。
活动要求：
1. 在下面的横线处写出团队创业的项目名称和团队成员组成。
2. 将商业计划书的具体内容撰写成电子文档，并通过邮件提交。
活动时长： 10分钟
活动形式： 团队活动
活动分值： 6分（团队每位成员获得同样的分数）

评分标准：

1. 写出项目名称和团队成员，得 1 分。

2. 符合商业计划书结构的完整性，符合项目要求的创新性，符合团队情况、商业性，能带动就业和引领教育发展，并发送到指定邮箱，得 5 分。

创业项目名称：_____

创业团队成员：_____

_____

_____

本次活动得分： _____

第五章 第六节

小试牛刀

制作团队项目路演的幻灯片并通过邮件提交给教师,并将团队创业项目的概述写到横线处。

活动时长: 10分钟

活动形式: 团队活动

活动分值: 6分(团队每位成员获得同样的分数)

评分标准:

1. 简要地写出创业项目的概述,包括项目介绍、核心优势、市场分析、发展规划等方面,得1分。

2. 符合商业计划书幻灯片的要求,结构合理、突出重点、图文并茂,并发送到指定邮箱,得5分。

_____

_____

_____

_____

_____

_____

_____

本次活动得分:_____